경제를 모르는 그대에게

경제를
모르는
그대에게

CASH RECEIPT
Adress: LOREM IPSUM, 1-23
Tel: 0123 456 789 1012

Date:01/02/2019   03:04 AM

Lorem ipsum   1.22
Dolor sit amet   2.33
Consectetur   3.44
Adipiscing elit   4.55
Sed do eiusmod   5.66
Tempor   6.77

Total: 23,97
Cash: 25,00
Change: 1,03
Bank Card:
**** **** **** 1234

THANK YOU!

박병률 지음

메이트북스

메이트북스 우리는 책이 독자를 위한 것임을 잊지 않는다.
우리는 독자의 꿈을 사랑하고,
그 꿈이 실현될 수 있는 도구를 세상에 내놓는다.

경제를 모르는 그대에게

초판 1쇄 발행 2019년 4월 1일 ┃ **초판 2쇄 발행** 2019년 4월 10일 ┃ **지은이** 박병률
펴낸곳 ㈜원앤원콘텐츠그룹 ┃ **펴낸이** 강현규 · 정영훈
책임편집 김하나 ┃ **편집** 안미성 · 이수민 · 김슬미 · 최유진
디자인 최정아 ┃ **마케팅** 한성호 · 김윤성 ┃ **홍보** 이선미 · 정채훈 · 정선호
등록번호 제301-2006-001호 ┃ **등록일자** 2013년 5월 24일
주소 04778 서울시 성동구 뚝섬로1길 25 서울숲 한라에코밸리 303호 ┃ **전화** (02)2234-7117
팩스 (02)2234-1086 ┃ **홈페이지** www.matebooks.co.kr ┃ **이메일** khg0109@hanmail.net
값 15,000원 ┃ **ISBN** 979-11-6002-223-0 03320

이 도서의 국립중앙도서관 출판시도서목록(CIP)은 e-CIP홈페이지(http://www.nl.go.kr/ecip)에서
이용하실 수 있습니다.(CIP제어번호: CIP2019008536)

변화에서 가장 힘든 것은
새로운 것을 생각해내는 것이 아니라
이전에 가지고 있던 틀에서 벗어나는 것이다.

• 존 케인즈(경제학자) •

"야구 몰라요,
경제도 몰라요"

야구를 흔히 데이터스포츠라고 부릅니다. 투수가 던진 공 하나하나, 타자가 친 코스 하나하나를 현미경처럼 분석해보면 예측 가능한 패턴이 나온다고 합니다. 수많은 통계와 데이터를 분석해 저비용으로 고효율 경기를 치르는 '머니볼 전략'은 메이저리그에서 굳게 자리를 잡았습니다. 정말로 야구는 예측 가능할까요.

"야구 몰라요."

故 하일성 해설위원이 남긴 유명한 어록입니다. 야구는 결코 예측한 대로 진행되지 않습니다. 수십 년간 현장에서 야구를 직접

지켜본 전문가가 내린 결론입니다. 반드시 이길 것 같은 팀이 지고, 질 것 같은 팀이 이기는 게 야구입니다. 다 이겼다고 생각했는데 볼카운트 하나를 남겨놓고 뒤집히기도 합니다. 예측은 왜 빗나가는 것일까요? 결론부터 말씀드리자면 변수가 너무 많기 때문입니다. 선수의 심리와 컨디션, 경기장 사정, 팀 분위기, 관중들의 반응, 날씨 등이 야구경기에 상당한 영향을 미칩니다.

경제부 기자를 한 지도 15년이 되었습니다. 연말연초가 되면 많은 분이 묻습니다. "내년 경기는 어떻게 될 것 같아요?" 안면이 있는 지인이라면 조금 더 노골적으로 묻습니다. "좋은 주식 좀 추천해줘" "집을 사야 해?"

사람들은 콕 짚어주는 것을 좋아합니다. 특히 '경알못(경제를 알지 못하는 사람들)'이 그렇습니다. "아 그래서 결론이 뭐야? 좋다는 거야, 나쁘다는 거야? 사라는 거야, 말라는 거야?" 때로는 막무가내입니다. "경제부 기자가 그것도 몰라?"라는 말을 들을 때는 이마에 식은땀이 나기도 합니다.

하지만 경제를 단도직입적으로 예측하는 것은 어렵습니다. 대한민국에서 가장 많은 정보를 갖고 있다는 한국개발연구원과 한국은행도 1년 뒤의 성장률 전망을 제대로 맞추지 못합니다. 경제

예측이 어려운 것은 야구처럼 '변수'가 많기 때문입니다.

경제전문지인 〈머니위크〉가 2012년 실시한 설문조사에서 금융권 전문가 10명 중 2명만 집값이 상승한다고 봤습니다. 30% 이상 상승한다는 견해는 단 4%밖에 없었습니다. 5년 뒤 대부분의 지역에서 집값은 적게는 50%, 많게는 100%가 올랐습니다.

2016년 주요 반도체시장 전망 기관들은 2018년 반도체산업이 2~3%대 성장할 것으로 내다봤습니다. 하지만 2018년 반도체산업은 두 자릿수나 성장하며 초호황을 누렸습니다.

2017년 초 '한국경제에 제2의 IMF가 온다'는 식의 기사가 쏟아져나왔습니다. 그런데 뚜껑을 열어 보니 기업들은 오히려 역대급 매출액과 영업이익을 남겼고, 한국경제는 3% 이상 성장했습니다. 2014년 최경환팀의 부동산 경기부양, 2017년의 미국 양적완화 속도조절, 2018년 모바일시장의 활황은 예측할 수 없는 변수였습니다.

한국경제에 대해 가장 많이 듣는 질문들 6가지가 있습니다.

1. 인구가 줄면 경제가 나빠지겠죠?

2. 경기가 어렵다고 정부가 돈을 풀었다가는 나라 거덜나는것
   아닌가요?
3. 집값은 절대 안 떨어지겠죠?
4. 가상통화는 사기 아닐까요?
5. 삼성전자가 망한다면 한국경제는 끝장나겠죠?
6. 중국은 2045년에 정말 세계 넘버원 국가가 될까요?

하나같이 '단도직입적'으로 말하기 어려운 질문들입니다. 일반적으로 '그렇다'라는 대답이 나옵니다. 하지만 이와 다른 답변들도 존재합니다.

1. 인구가 줄어든다고 경제가 나빠지는 것은 아닙니다.
2. 경기가 어려울 땐 정부가 재정을 풀어 경기를 부양시켜야 합
   니다.
3. 집값도 떨어질 수 있습니다.
4. 가상 통화는 미래입니다.
5. 삼성전자가 망한다고 한국경제가 무너지지는 않습니다.
6. 중국은 글로벌 패권국가가 되지 못합니다.

이 답들은 틀린 답이 아닙니다. 시각이 다를 뿐입니다. 2가지 답변 모두 촘촘한 논리가 있습니다. 선택은 각자의 몫입니다.

경제에는 결코 하나의 답만 있지 않습니다. 낙수효과가 있으면 분수효과가 있고, 파레토법칙이 있으면 롱테일법칙이 있습니다. 성장담론이 있는가 하면 분배담론도 있습니다. 때로는 감세가 유효하지만 증세가 필요할 때도 있습니다. 선택과 집중이 있다면 균형과 발전도 있습니다. 그러므로 이 2가지 길을 함께 관찰할 때 비로소 경제에 대한 이해도가 높아지게 됩니다.

물고기를 잡아주는 것이 아니라 물고기 잡는 법을 가르쳐주는 것이 더 유용한 것처럼 이 책이 경제를 이해하는 데 도움이 되길 진심으로 바랍니다. 그럴 수만 있다면 2년간의 집필기간이 아깝지 않을 것 같습니다.

박병률

경제에는 결코 하나의 답만 있지 않습니다.

낙수효과가 있으면 분수효과가 있고,

성장담론이 있으면 분배담론이 있습니다.

2가지 길을 함께 관찰할 때 경제를 제대로 이해할 수 있습니다.

차례

1장―인구가 줄어들면 한국경제는 흥할까, 망할까?

4장 — 전 세계 가격 상승을 주도한
한국의 가상통화는 흥할까, 망할까?

5장 — 대한민국 대표기업
삼성전자는 흥할까, 망할까?

6장 — 세계 패권을 노리는 중국
2045년에 흥할까, 망할까?

『경제를 모르는 그대에게』
저자 심층 인터뷰

Q. 『경제를 모르는 그대에게』를 소개해주시고, 이 책을 통해 독자들에게 전

하고 싶은 메시지가 무엇인지 말씀해주세요.

A. '경제를 왜 공부하려고 하느냐'고 물으면 '앞으로 경제가 어떻

게 되는지 알고 싶어서'라는 답이 많습니다. 맞습니다. 미래는

갈수록 불투명해지고, 그 불투명한 미래가 어떻게 움직일 것인

지 많은 사람이 궁금해합니다. 짧은 기간 겪은 외환위기와 금

융위기는 사람들에게 쉽게 지울 수 없는 트라우마를 남기기도

했습니다. 이런 대중의 욕구에 편승해 미래를 단언하는 용기

있는 전문가들이 많이 나오고 있습니다. '주가가 오를 것이다'

'부동산 가격은 내릴 것이다' 등등 시원하게 전망해줍니다. 하지만 단언컨대 경제 상황이 어떻게 될지 단도직입적으로 말할 수 있는 사람은 아무도 없습니다.

모든 경제 예측은 '세테리스 파리부스'를 전제로 합니다. '세테리스 파리부스'란 '모든 가정이 같다면'이라는 뜻입니다. 즉 영향을 미칠 수 있는 모든 변수를 제외했을 때를 말합니다. 하지만 경제는 결코 혼자 움직이지 않습니다. 국내는 물론 국외의 수많은 경제 결정으로부터 영향을 받습니다.

향후 한국경제에 결정적 영향을 미칠 6개의 키워드를 골라봤습니다. 인구, 재정, 집값, 가상통화, 재벌, 중국입니다. 이들이 '어떻게 될 것이다'라는 식으로 결론을 내린다면 속은 시원하겠지만 이는 무모한 일입니다. 다소 답답하겠지만 요모조모 따져보고 스스로 판단을 내리는 수밖에 없습니다. 다만 나 혼자 판단은 어려우니 전문가들이 생각하는 2가지 시나리오를 제시했습니다. 물고기를 잡아주기보다 물고기 잡는 법을 배우고 싶어하는 분들을 위해 이 책을 썼습니다.

Q. 경제는 변수가 많기 때문에 예측 불가능하다고 하셨습니다. 그럼에도 불구하고 경제를 공부해야 하는 이유는 무엇인지 설명 부탁드립니다.

A. 경제는 확률 게임입니다. 경제의 흐름을 읽을 수 있게 되면 옳은 길을 예측할 수 있는 확률이 높아집니다. 앞으로 정부가 어

떤 정책을 내겠구나, 기업은 어떻게 대응을 하겠구나, 그러니 나는 무엇을 해야겠다 등을 결정할 수 있습니다. 어떤 사업을 해야 할까, 내 아이 교육은 어떻게 시켜야 할까를 판단할 근거도 됩니다. 다만 잊지 말아야 할 것은 그런 트렌드로 갈 것이라는 예측일 뿐 반드시 그렇다는 것은 아니라는 것입니다. 그렇기 때문에 내가 판단한 것과 다른 방향으로 세상이 움직일 여지를 열어두어야 합니다.

싫든 좋든 갈수록 경제뉴스는 많아질 것입니다. 넘쳐나는 경제정보에서 소외되지 않기 위해서라도 조금씩 경제를 공부해두는 것이 좋습니다.

Q. 인구가 감소하면 한국경제가 망한다고들 생각합니다. 오히려 기회가 될 수도 있다고 하셨는데 자세한 설명 부탁드립니다.

A. 인구가 경제의 모든 것을 결정한다면 인구가 계속 증가해야 해야 한다는 결론에 도달하게 됩니다. 그러나 한반도는 유한한데 가능한 이야기일까요? 현재의 상태로도 남북한에는 역대 가장 많은 인구인 7천만 명이 살아가고 있습니다. 노동력을 절실히 필요로 했던 산업화 시대는 저물고 있습니다. 4차산업혁명으로 생산성이 혁명적으로 향상되면 인구의 필요성은 지금보다 줄어들 것입니다. 오히려 늘어난 인구를 부양하는 부담이 더 커질 수 있습니다. 때마침 한국도 1인당 3만 달러 시대에 진

입했습니다. 3만 달러 시대는 고부가가치산업이 아니라면 버틸 수 없습니다. 김밥이 아니라 한우를 팔아야 합니다. 객단가를 높여야 수지를 맞출 수 있습니다. 양이 아니라 질로 전환해야 하는 시점입니다. 개인은 창의적 교육혁명을, 조직은 수평적 조직문화를, 국가는 사회적 합의도출을 이끌어내 한국사회의 생산성을 대폭 높여야 합니다. 인구수에만 매달려 있다면 진짜 중요한 고민들이 뒤로 밀릴 수 있습니다.

Q. 외환위기 이후 한국정부는 외화를 계속 쌓아두기만 하고 있다고 말씀하셨습니다. 앞으로도 계속 이 기조를 유지해야 하는지, 아니면 곳간을 풀어야 하는지 설명 부탁드립니다.

A. 상황에 따라 다르지 않을까요? 우리 경제가 취약해 외환보유액이 많이 필요하다면 계속 쌓아두어야 할 것이고, 우리 경제도 내성이 생겼다고 생각하면 조금 더 공격적으로 운용해도 될 것입니다. 한국은 2014년 이후 대외자산이 대외채무보다 많아진 순채권국이 되었습니다. 한국인과 한국기업이 해외에 투자한 자산총액은 정부가 보유한 외환보유액보다 많습니다. 이제는 위기가 오면 해외에 투자한 자산을 매각해 달러를 국내로 들여올 수 있습니다. 외환보유액을 쌓아두면 막대한 관리비용이 발생합니다. 지금까지는 외환보유액이 튼튼한 방파제 역할을 했기 때문에 보수적으로 쌓아둘 필요가 있었습니다. 개인

적으로는 외환보유액을 조금 더 공격적으로 운용할 시점이 다가오고 있다고 생각합니다.

Q. 한국의 부동산 불패신화가 계속될 것이라는 의견과 버블이라는 의견이 있습니다. 어느 쪽이 조금 더 현실적인 판단인지 설명 부탁드립니다.

A. 긴 관점에서 볼 때 시장에서 고평가된 재화는 반드시 떨어지기 마련입니다. 문제는 그 시점이 언제가 될 것이냐는 것입니다. 조만간이라고 생각한다면 지금 내다 팔아야 할 것이고, 좀 더 먼 미래라면 보유하는 것이 낫습니다. 이런 판단의 차이가 투자수익률의 차이를 불러옵니다.

국내 부동산 가격이 버블이다, 아니다는 한두 가지 지표로 분석할 수 없습니다. 또 국내외 경제 환경이 달라지면 부동산 가치도 달라집니다. 예컨대 금융위기 수준의 경제위기가 왔을 때와 그렇지 않을 때 부동산을 바라보는 시장의 시각은 달라집니다. 그러나 이러한 것들은 누구도 정확히 예측할 수 없습니다. 2007년 금융위기도 벼락 같이 왔습니다.

그렇기 때문에 투자철학이 중요합니다. '하이리스크-하이 리턴'을 택할 것인지 '로우 리스크-로우 리턴'을 택할 것인지에 따라 개인의 의사결정이 달라질 것입니다.

Q. 가상통화 광풍이 지나갔습니다. 가상통화가 정확히 무엇인지, 앞으로 어떻게 변화해나갈지 설명 부탁드립니다.

A. 가상통화를 한마디로 정의하기는 어렵습니다. 그저 '실물이 없는 디지털통화로 전자적으로 거래되는 무형의 가치' 정도로 표현됩니다. 대장주인 비트코인은 블록체인 검증에 참여한 대가(채굴)로 주어지는 가상통화입니다. 하지만 최근에는 가상통화의 종류가 다양해져서 가상통화의 성격을 하나로 말하기 곤란합니다. 현실적으로 채굴이 쉽지 않다는 것을 감안할 때 일반인들이라면 가상통화거래소에 상장된 가상통화를 거래하는 방식으로 가상통화를 접하게 되는 경우가 많을 것 같습니다.

가상통화의 미래를 예측하기는 쉽지 않습니다. 기술의 발전과 정부의 규제, 개인의 탐욕이 팽팽하게 균형을 이루고 있기 때문입니다. 어느 시점에 가면 한쪽으로 무게추가 쏠릴 것으로 예상이 됩니다만, 그 시점이 언제인지는 단언하기 어렵습니다. 가상통화는 어느 쪽으로도 갈 수 있습니다.

Q. 삼성이 무너지면 한국경제가 무너진다는 의견이 많습니다. 삼성의 몰락이 한국경제의 몰락으로 이어질지 설명 부탁드립니다.

A. '삼성이 무너진다면'이라는 질문은 지금으로서는 매우 도발적입니다. 그러나 불가능한 질문도 아닙니다. 2013년 점유율 20%로 중국시장을 호령했던 삼성전자의 스마트폰은 사실상 자취

를 감췄습니다. 시장점유율이 0%대로 떨어졌습니다. 5년 만에 벌어진 일입니다. 노키아도 정점에 달한 지 2년 만에 망했습니다. IT산업의 부침은 토가 나올 정도로 빠릅니다. 이런 시장에서 매출액 200조 원, 영업이익 50조 원의 삼성전자로 영원할 것이라고 기대하기는 어렵습니다. 삼성전자가 바이오에서 새로운 먹거리를 찾는 것은 이런 이유 때문입니다.

문제는 한국경제가 삼성전자에 기대는 의존도가 크다는 겁니다. 삼성전자의 시가총액은 코스피 전체의 26%고 매출액은 한국 GDP의 13%가 넘습니다. 반도체 수출에 따라 한국 전체 수출이 웃고 웁니다. 이런 기업이 몰락한다면 단기적으로 한국경제에 미칠 파장은 상상하기 힘들 것입니다. 그러나 산불이 났다고 해서 모든 생명이 절멸하는 것은 아니듯, 한 기업이 몰락한다고 해서 그 기업이 지녔던 인력과 노하우가 모두 사라지는 것은 아닙니다. 잔존한 인력과 노하우는 또 다른 수많은 기업을 잉태하는 자양분이 될 수 있습니다. 물론 새 생명이 성장하기까지 경제주체들이 겪어야 할 충격은 적지 않겠지만 말입니다.

Q. 미국과 중국 간 힘겨루기가 계속되고 있습니다. 앞으로의 전망에 대해 설명 부탁드립니다.

A. 미국과 중국의 패권경쟁이 제대로 맞부딪힌 것은 2018년과 2019년이 아닐까요? 미중 무역분쟁은 중국의 패권을 저지하기

위한 트럼프 행정부의 전략으로 보는 견해가 많습니다. 사실 중국은 지금까지 서구의 예상을 뒤엎고 빠르게 성장해왔습니다. 중국붕괴론이 시시때때로 나왔지만 이를 비웃듯 중국은 고속성장을 했습니다. 이제는 중국모델이라는 말이 나올 정도입니다. 역사의 큰 흐름은 되돌리기 힘듭니다. 많은 전문가는 중국의 G1시대가 머지 않았다고 전망합니다. 하지만 정해진 역사는 없습니다. 중국도 한 제국이 200년 이상 번성한 적이 없습니다. 중국의 성장률 목표치는 어느새 6% 초반까지 떨어졌습니다.

한국은 사드(고고도 미사일방어체계)의 한반도 배치로 미국과 중국 사이에서 심각한 곤란을 겪었습니다. 미래의 중국이냐, 오늘의 미국이냐 즉, 어느 한쪽의 손을 들어줄 것이냐 적당히 양다리를 걸쳐야 할 것이냐를 놓고 갈등해야 했습니다. 객관적이고도 냉정한 시각을 유지하는 것이 중요해 보입니다.

1. 네이버 검색창 옆의 카메라 모양 아이콘을 누르세요.
2. 스마트렌즈를 통해 이 QR코드를 스캔하시면 됩니다.
3. 팝업창을 누르시면 이 책의 소개 동영상이 나옵니다.

인구가 감소하면 생산과 소비가 축소되어 경제성장이 둔화될 것이라고 합니다. 저출산 때문에 젊은 인구가 줄어들고, 고령화 때문에 고령인구가 증가하면 경제에 부과되는 부담은 더 커집니다. 들어오는 돈은 적은데 나갈 돈이 많아지면 경기를 부양할 힘도 없습니다. 지방소멸은 점차 현실이 되고 있습니다. 인구오너스에 대한 우려가 갈수록 커집니다.

하지만 최근에는 다르게 보는 시각도 있습니다. 인구감소가 기회라는 것입니다. 경제는 인구수가 적어도 생산성을 높여 부가가치를 끌어올린다면 성장이 가능합니다. 자율주행자동차, 드론 등으로 대표되는 4차 산업혁명은 더이상 많은 노동력을 필요로 하지 않습니다.

현재 한반도에는 역사상 가장 많은 인구가 살고 있습니다. 경제성장의 대가로 많은 사람이 과잉경쟁에 내몰려야 했습니다. 경제성장과 개인의 행복 사이에 괴리도 커졌습니다. 많지도 적지도 않은 '적정인구'는 얼마일까요?

1장

인구가 줄어들면
한국경제는
흥할까, 망할까?

"생산과 소비가 줄어드니 경제가 활력을 잃을 것"
vs.
"적정인구라면 오히려 경제가 활력을 되찾을 것"

'1.08명 쇼크'

'아들딸 구별 말고 둘만 나아 잘 기르자'

한국인이라면 한 번쯤은 들어봤을 법한 표어들입니다. 이런 표어들도 있었습니다.

'둘도 많다' '하나씩만 낳아도 삼천리는 초만원'

1970~1980년대에는 산아제한 포스터가 쏟아졌습니다. 출산은 죄였습니다. 아이를 많이 낳은 며느리는 시어머니 앞에 고개를 들지 못했습니다. '(왜 그렇게 손주를 많이 낳아) 내 아들을 힘들게 만드냐'라는 편잔이 돌아왔습니다. 한반도는 좁았습니다. 한국의 인구밀도는 세계 3위였습니다. 우리의 비교 대상은 늘상 인구밀도

세계 1위라는 방글라데시였습니다. 먹고사는 게 시급했습니다. 대여섯 명씩 되는 자식들을 먹여 살리기 위해 아버지는 새벽부터 일을 나가야 했습니다.

출산율을 낮추려는 군사정권의 의지는 강했습니다. 정부는 예비군 훈련에 온 남성들에게 무료로 정관수술을 해줬습니다. 국방의 의무와 출산을 연계시킨 것으로 전 세계에 유례없는 정책이었습니다. 지금이야 이런 정책에 대해 인권침해 논란이 거세게 일겠지만 그땐 그랬습니다.

정부의 뜻대로 출산율이 급강하했습니다. 합계출산율(여성들이 평생 낳을 것으로 예상되는 출생아 수)은 1960년대 6명 대에서 1980년대 초반 2명 대로 떨어졌습니다. 1990년대에는 1명 대에 진입했습

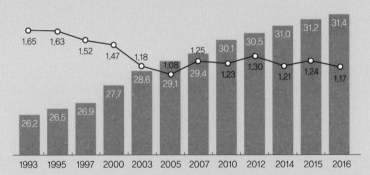

2016 한국의 합계출산율

─○─ 가임여성 1명당 합계출산율 ▆▆ 첫 자녀 출산시 모의 평균연령

자료: 통계청, 〈인구동태통계연보〉, 2016년 출생사망 통계(잠정)

니다. 아이를 적게 낳을수록 좋다고 생각했습니다. 산아제한은 군사작전처럼 이루어졌습니다. 외국인의 시각에서도 한국의 출산율 하락은 경이로웠습니다. 산아제한은 한국에서 가장 성공한 캠페인으로 손꼽혔습니다.

하지만 언제나 과하면 모자람만 못하는 법입니다. 출생아 수 감소 속도가 너무 빨랐습니다. 캠페인은 대체출산율 2.1명* 수준에서 멈춰야 했습니다. 하지만 '역대 최고 정책'을 막아설 사람은 없었습니다. 2005년 합계출산율은 1.08명까지 떨어졌습니다. 이른바 '1.08명 쇼크'입니다. 그제야 정부는 저출산 대책을 발표했지만 한번 붙은 가속도를 떨어뜨리기는 어려웠습니다.

결국 2018년 한국의 합계출산율은 0.98명으로 역대 최저 기록을 깼습니다. 전 세계에서 합계출산율이 이보다 낮은 나라를 찾기는 힘듭니다. OECD 국가 중 합계출산율이 1.3명 미만인 '초저출산'을 경험한 나라는 11개국입니다. 이 중 한국만이 유일하게 반등하지 못하고 있습니다. 오히려 더 악화되고 있습니다.

2017년 생산가능인구 감소하다

인구학적으로 볼 때 2017년은 기념비적인 해입니다. 생산가능인구가 줄기 시작한 첫해이기 때문입니다. 생산가능인구란 말

학령인구 추계

대학 입학 예정 인원과 대학 정원

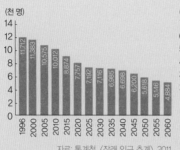

자료: 통계청, 〈장래 인구 추계〉, 2011

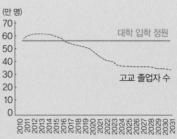

자료: 정부합동, 〈2008~2018 중장기 인력수급 전망〉

그대로 '생산이 가능한 인구'를 말합니다. 연령대별로 살펴보면 15~64세 사이로 이들은 생산과 소비의 핵심 계층입니다. 생산가능인구는 유소년(14세 이하)과 고령층(65세 이상)을 부양합니다. 생산가능인구가 줄어든다는 것은 그 사회의 생산과 소비 능력이 감소하기 시작했다는 뜻입니다. 30대가 한 달 동안 벌고 쓰는 돈과 초등학생이나 노인이 한 달 동안 벌고 쓰는 돈을 비교해보면 쉽습니다. 1990년 초반 생산가능인구가 줄기 시작한 일본은 이후 '잃어버린 20년'을 겪었습니다.

생산가능인구가 감소하더라도 인구는 한동안 늘어납니다. 워낙 고령인구 증가 속도가 빠르기 때문입니다. 하지만 기간은 길지 않습니다. 인구가 감소하기 시작한 지 12년 뒤인 2029년, 한국에서는

• 현재 인구수를 유지하기 위해 필요한 출산율을 통상 2.1명으로 본다.

인구의 자연감소(사망자가 출생아보다 많아지는 것)가 시작됩니다. 그 3년 뒤인 2032년부터는 총인구가 감소합니다.[1]

대구시 수성구 시지동의 시지초등학교 2학년에는 반이 3개뿐입니다. 한 반의 학생은 25명으로, 한 학년이 통틀어 75명에 불과합니다. 1980년대 중반 일반적인 초등학교 한 학급의 학생수와 같은 숫자입니다. 당시 초등학교는 한 학년에 10학급 정도 되었습니다. 학년당 600~700명의 어린이가 있었습니다. 교실이 모자라 '아침반·저녁반'이 있는 곳도 적지 않았습니다.

오늘날 학생수는 그때에 비해 학년 기준으로 1/10까지 줄어들었습니다. 낮아지는 출산율에 산부인과들이 문을 닫기 시작했고, 유아용품점도 사라지기 시작했습니다. 국세청 자료를 보면 2014~2017년까지 3년간 예식장(-11.3%)과 결혼상담소(-9.4%), 산부인과(-3.4%) 수가 감소했습니다.[2] 몇 해 뒤면 중고등학교가, 그 후에는 대학교가 텅 비게 될 것입니다. 학생수보다 학교의 수가 더 많기 때문입니다.

그제야 덜컥 겁이 나기 시작했습니다. 인구가 이렇게 줄어도 되는 것일까. 인구보건복지협회는 부랴부랴 새 표어를 만들어 건물 벽에 붙였습니다. '자녀에게 가장 큰 선물은 동생입니다' 지하철에도 임산부 배려석을 만들었습니다. 임산부 배려석에는 '임산부 먼저'라는 핑크색 스티커를 붙였습니다.

"인구가 감소하면
한국경제 망한다"

인구오너스에 빠지다

인구오너스는 인구가 줄어들면서 생산과 소비가 축소되어 경제성장이 둔화되는 현상을 말합니다. 그 반대말이 인구보너스입니다. 인구보너스는 인구가 증가하면서 생산과 소비도 증가해 경제성장이 가파르게 상승하는 현상입니다. 인구오너스와 인구보너스는 모두 경제에서 인구의 중요성을 강조합니다.

인구가 감소하면 정말 경제가 나빠질까요? 모범답안은 '그렇다'입니다. 경제규모는 먹고 마시고 쓴 것의 총량을 뜻합니다. 지난해보다 얼마나 많이 먹고 마시고 썼는지를 비교한 것이 경제성장률입니다. 한 사람보다 2사람, 2사람보다 3사람이 있을 때 먹고 마시고 쓰는 양이 더 많아집니다.

실증적 연구는 많습니다. 인구감소가 성장률을 하락시킨다는 데 이견이 없어 보입니다. 저출산과 고령화가 결합되면 충격이 더 커집니다. 추후 들어올 돈은 적은데 나갈 돈만 많아지기 때문입니다. 이렇게 되면 경기에 투입할 돈도 줄어듭니다.

국회예산정책처는 한국의 경제성장률이 2000년대 평균 4.3%에서 2010년대 2.9%, 2020년대 1.7%, 2030년대 1.0%로 하락할 것으로 예상했습니다.[3] 예상 경제성장률이 이렇게 추락하는 이유는 '노동기여도'가 급격히 감소하기 때문입니다. 노동기여도란 성장률에서 차지하는 노동의 비중입니다. 일할 사람이 줄어들면 노동기여도는 떨어집니다. 경제성장률은 '노동 + 자본 + 총요소생산성'의 합입니다.

1980년대 연평균 9.4%였던 경제성장률은 노동 2.0% + 자본 3.0% + 총요소생산성 4.2%였습니다. 노동력이 성장률을 2.0%포인트 끌어올렸다는 의미입니다. 1990년대에 노동기여도가 1.1%로 낮아지더니 2000년대에는 0.9%, 2010년대에는 0.6%로 내려앉았습니다. 그래도 이때까지는 노동이 경제성장을 뒷받침하는 '인구보너스'였습니다.

하지만 2020년대에는 -0.7%로 노동력이 오히려 경제성장률을 갉아먹게 됩니다. 본격적인 인구오너스가 시작되는 셈입니다. 2030년대에는 -1.0%, 2040년대에는 -0.9%, 2050년대에는 -1.0%

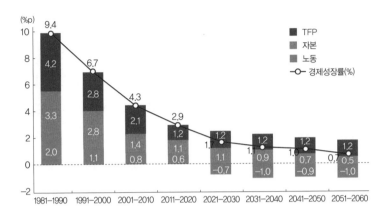

생산투입요소별 경제성장 기여도 추이 및 전망

※ 노동은 통계청의 장래인구추계(중위) 자료. 자본은 국회예산정책처 '2016-2060 장기재정전망'의
자료를 이용했으며, 총요소생산성(TFP)은 2016년의 생산성 증가율이 유지됨을 가정했다.

자료: 국회예산정책처, 〈산업동향&이슈〉 창간호

로 노동이 경제성장에 장애가 될 것입니다. 2060년대 연평균 성장
률은 0.7%로 예상되었습니다. 노동 -1.0% + 자본 0.5% + 총요소생
산성 1.2%입니다. -1.0%포인트는 결코 작은 수치가 아닙니다. 만
약 노동이 중립(0%)만 되더라도 2060년대 경제성장률은 1.7%까지
높아질 수 있습니다.

비슷한 연구는 많습니다. 한국은행(2017년)은 한국의 경제성
장률을 2000~2015년에는 연평균 3.9%, 2016~2025년에는 1.9%,
2026~2035년에는 0.4%로 낮아진다고 봤습니다. 원인은 인구고령
화입니다. 한국보건사회연구원(2009년)도 저출산이 지속된다면 실

질 GDP 성장률이 2006~2010년 연평균 4.8%에서 2040년대에는 1.2%로 하락한다고 봤습니다.

저성장 결과 글로벌 무대에서 한국경제의 영향력은 상대적으로 축소될 것으로 보입니다. EIU(2017년)는 한국의 경제성장률이 저출산으로 인해 2050년 연 1%대까지 떨어지면서 한국의 경제규모가 GDP 기준 세계 10위권 밖으로 밀려날 것이라고 전망했습니다.

세계적인 회계법인인 딜로이트도 같은 전망을 내놓고 있습니

향후 10년간 인구변화에 따른 경제규모의 확대/위축

(%)	국가
2.5	인도
1.5	필리핀
1.2	인도네시아
-0.2	동남아
-0.5	아시아
-1.3	말레이시아
-3.4	일본
-3.5	베트남
-4.0	호주
-4.2	뉴질랜드
-4.2	중국
-4.4	태국
-5.0	유럽
-5.2	북미
-8.4	싱가포르
-9.8	한국
-10.1	대만
-13.8	홍콩

출처: 딜로이트, Deloitte.com/Insights
자료: 〈보이스오브아시아〉 3호, 2017

다. 딜로이트는 〈보이스오브아시아Voice Of Asia〉(2017년 9월)에서 향후 10년간 인구변화에 따른 경제규모를 예측해보니 한국의 경제규모가 지금보다 9.8% 위축될 것으로 전망했습니다.[4]

이와 같은 축소폭은 세계에서 손에 꼽힐 정도입니다. 아시아 평균(-0.5%)은 물론이고 이웃나라인 중국(-4.2%), 일본(-3.4%)보다도 축소 규모가 큽니다. 심지어 유럽(-5.0%)이나 북미(-5.2%)도 인구변화로 인한 경제축소가 한국만큼 심하지 않았습니다. 그만큼 저출산·고령화가 가파르게 진행되고 있다고 보면 됩니다. 한국보다 인구감소에 따른 경제축소가 큰 곳은 홍콩(-13.8%)과 대만(-10.1%)밖에 없었습니다. 도시국가 혹은 소규모 국가를 제외하면 사실상 한국의 인구오너스 효과가 가장 크다는 뜻입니다.

저출산·고령화·인구감소가 불러오는 루이스전환점

'저출산+고령화+인구감소' 이 3종 세트는 이른바 루이스전환점Lewisian Turning Point을 불러올 수 있습니다. 루이스전환점이란 도시로 유입된 농촌 인력에 기대어 성장한 산업이 농촌의 노동력 고갈로 인해 더이상 성장하지 못하는 현상을 말합니다. 저렴한 인건비로 버티는 산업은 임금이 상승하면 경쟁력을 잃기 쉽습니다.

한국의 이농현상은 1980년대에 끝났습니다. 국내에서는 저임금

노동력이 추가적으로 유입될 여지가 없습니다. 이런 상황에서 저출산으로 노동인구가 감소하면 노동력 공급 부족으로 임금이 상승할 수 있습니다. 저렴한 노동력으로 지탱해온 저효율 산업이 혁신을 이루지 못한 채 가격경쟁력을 잃으면 루이스전환점이 현실화됩니다.

다만 지금까지는 중국교포, 베트남, 인도네시아 등 동남아 인력을 국내에 유치하고 공장을 중국, 베트남 등 저임금국가로 이전하면서 버텨왔습니다. 하지만 국내에서는 외국인노동자 확대에 대한 저항이 심하고 해외에서는 중국과 동남아의 임금인상이 가팔라 저렴한 인력을 확보할 방법이 많아 보이지 않습니다.

한국의 반면교사反面教師는 일본입니다. 일본은 1990년 이후 '잃어버린 20년'을 겪었습니다. 일본의 장기불황은 플라자합의로 인한 엔화절상과 이때 생긴 버블의 붕괴가 주요 원인이라는 분석이 많았습니다. 하지만 인구경제학자인 해리 덴트는 책『2018 인구절벽이 온다』를 통해 일본경제가 1990년 초까지 절정을 누리다 1990년대 중반 이후 혼수상태에 빠진 비밀은 '인구구조' 때문이라고 설명합니다.

해리 덴트는 개인의 소비가 절정에 이르는 나이를 47세라고 봤습니다. 일본의 출산인구가 절정에 달한 것은 1942년입니다. 47년 뒤면 1989년입니다. 이때 이후 일본경제가 꺾일 운명이었다는 것이 그의 주장입니다. 경기부양을 위해 돈을 쏟아붓더라도 소비가 그만큼 따라가지 못하면 낭패입니다. 돈을 쓴 만큼 세금으로 환수되지 않으면 그대로 국가 빚으로 쌓이게 됩니다. 빚은 이자부담을 지우고, 이자는 또 이자를 낳습니다. 경기부양은 결과적으로 장기적인 성장동력을 떨어뜨립니다.

일본에게 1989년은 또 하나의 의미 있는 일이 벌어진 해입니다. 지속적으로 낮아지던 일본의 합계출산율(여성 한 명이 평생 동안 낳을 수 있는 아이의 수)이 1.57명까지 떨어진 것입니다. 이른바 '1.57명 쇼크'입니다. 낮아지는 출산율에 대한 대책은 세웠지만, 국가적 어젠다 수준은 아니었습니다. 일본의 잠재노동력은 1995년 8,700만 명으로 절정에 달했습니다.[5]

이를 기점으로 생산가능인구가 감소하기 시작했습니다. 20년이 지난 2015년부터는 전체인구도 감소하기 시작했습니다. 일본은 그제야 '1억 명 사수'라는 목표를 내세웠습니다. 아베 신조 총리는 '1억 총활약상'이라는 장관 자리를 신설해 인구문제를 직접 챙겼습니다. 장관에는 아베 총리의 최측근인 가토 가쓰노부 전 관방부장관을 임명했습니다.

해리 덴트는 아베 총리가 아무리 돈을 부어 넣더라도 2020년 이후에는 '2차 인구절벽'을 맞아 경기가 추락할 것이라고 단언했습니다. 그는 한국도 2018년을 정점으로 소비가 꺾일 것이라고 예상했습니다. 한국의 출생아 수가 가장 많았던 때는 1971년으로 2018년이 소비의 절정기인 47세가 되는 해입니다.

"인구감소는
한국경제의 기회다"

인구오너스는 없다

출근길 서울 지하철 9호선은 공포 그 자체입니다. 숨이 꽉꽉 막혀 죽을 지경입니다. 사실 9호선만 그런 것이 아닙니다. 서울 지하철 1호선과 2호선도 크게 다르지 않습니다. 사람들이 찌그러진 소주팩 마냥 끼여서 지하철을 타는 것이 일상입니다. 장마철에는 불쾌감이 절정에 이릅니다. 이럴 때는 나도 몰래 짜증 섞인 불만이 터져나오기 마련입니다.

"우이씨, 인구 좀 줄여야 해!"

인구감소가 경제를 망친다는 주장은 최소한 2가지 가정을 전제로 합니다. 경제의 제반적인 상황이 지금과 똑같고 인구가 적정상태일 때입니다. 만약 1인당 생산성이 높아진다면? 혹은 지금이 인구과잉 상태라면?

"인구감소는 한국경제의 위기가 아니라 기회다."

이 말은 허튼 소리가 아닙니다. 최근 들어 점점 힘을 얻는 주장입니다. 인구감소는 성장을 위해 매달려야만 했던 한국경제의 방향을 전환시키는 결정적인 기회가 될 수 있습니다. 한국이 성장에 매달려야 하는 이유는 단순합니다. 인구를 먹여 살리기 위해서입니다. 그런데 인구가 너무 빨리 증가했습니다. 그에 발맞춰 경제가 성장하지 않으면 결국 누군가는 굶게 됩니다. 빠른 성장은 최고의 선이었습니다. 경쟁은 치열했고, 그 경쟁에서 탈락한 사람은 패배자로 전락했습니다. 다수의 이익을 위해 소수가 희생해야 했고, 집단을 위해 개인이 포기해야 했습니다.

만약 인구증가가 정체된다면? 가정이 다르다면 결과도 다릅니다. 인구가 늘지 않는 세상에서는 성장에 목을 맬 필요가 없습니다. 느리게 성장해도 됩니다. 그만큼 먹여 살려야 하는 입도 느리게 늘어나기 때문입니다. 단순히 생각해봅시다. 인구가 3% 증가하면 경제도 3%는 성장해야 생활수준이 유지됩니다. 반면 인구가 3% 감소하면 경제가 3% 줄어들어도 생활수준은 그대로입니다. 숨어 있는 포인트가 바로 여기에 있습니다.

"인구가 감소하면 경제가 죽는다고? 그럼 인구를 계속 늘려야만 하나? 언제까지?" 한국보건사회연구원장이었던 김용하 순천향

대학교 교수의 말입니다.

인구를 늘려야 경제가 성장한다는 명제는 금세 모순에 부닥칩니다. 인구가 영원히 늘어나야 한다는 결론이 나오기 때문입니다. 하지만 한반도의 면적은 한정되어 있습니다. 인구를 무한대로 수용할 수 없습니다. 이미 많은 사람이 살고 있기 때문에 좁습니다. 한국의 인구밀도는 인구 천만 명 이상 국가를 기준으로 볼 때 방글라데시, 타이완과 함께 '빅3'에 속합니다.[6] 1km²당 505명이 살고 있습니다. 한국 다음인 네덜란드(1km²당 407명)보다 100명가량이

인구밀도

순위	국가/지역	인구수	면적	밀도 (km²당 인구)
1	방글라데시	157,457,000	147,570	1,067
2	대만	23,361,147	36,190	646
3	한국	50,219,669	99,538	505
4	네덜란드	16,919,139	41,526	407
5	르완다	10,718,379	26,338	407
6	인도	1,263,680,000	3,185,263	397
7	아이티	10,413,211	27,750	375
8	벨기에	11,239,755	30,528	368
9	일본	127,290,000	377,944	337
10	필리핀	100,271,800	300,076	334

자료: 위키피디아

더 살고 있는 것입니다. 이런데도 인구가 더 늘어나야 할까요?

한국인이 가장 행복한 때로 기억하는 해는 1988년입니다. 드라마 〈응답하라 1988〉의 배경이 되었고 서울올림픽이 열렸던 바로 그해입니다. 경제지표를 보면 수긍이 갑니다. 1986~1988년까지 한국은 연 10%가 넘는 성장을 이루었습니다. 한국경제의 '골디락스Goldilocks'라고 불립니다. '3저 호황(저유가, 저금리, 저환율)'은 대외적 환경이 뒷받침된 결과였습니다. 유가와 금리가 낮아 생산단가가 줄어들었고, 저환율 덕분에 수출기업의 수익이 늘어났습니다. 중국이나 베트남 같은 저임금의 경쟁국도 없었습니다. 무엇이든 만들어서 세계시장에 내놓으면 잘 팔리던 때였습니다.

1988년이 가장 행복했던 이유

성장률 외 다른 요소는 없었을까요? 혹시나 싶어 인구를 찾아봤습니다. 통계청 자료를 보면 1988년 한국의 인구는 4,245만 명입니다. 2017년 5,157만 명(주민등록 기준)보다 무려 912만 명이 적습니다. 912만 명은 서울시 하나 혹은 부산시, 인천시, 대구시의 인구를 합친 규모입니다. 그러니까 30년 동안 한국에서 제1도시 혹은 제2, 제3, 제4도시를 합친 규모의 인구가 늘어났다는 말입니다. 성장도 가팔랐지만 먹여 살려야 할 사람의 수도 급격히 늘었습니다.

요즘 편의점이나 주유소에서 20대 청년뿐만 아니라 50대 고령자도 아르바이트를 하는 것을 볼 수 있습니다. 고용시장의 시각으로 보자면 20대와 50대가 아르바이트 자리를 놓고 경쟁하는 셈입니다. 하지만 30년 전에는 그러지 않았습니다. 주유소나 카페 서빙은 오롯이 20대의 일자리였습니다. 그때는 50대 인구가 지금처럼 많지 않았습니다.

지난 30년간 사회적 부가 늘어난 만큼 경쟁도 거세졌습니다. 그러니 행복할 리가 없습니다. 순천향대학교 김용하 교수는 "1980년대가 살기 좋았다고 생각하는 것은 그 시절에 경쟁이 지금보다 치열하지 않았기 때문일 수도 있다"라고 말했습니다.

이 같은 시각은 한국이 이미 '인구과잉'이어서 '인구 다이어트가 필요하다'는 주장으로 이어질 수 있습니다. 통계청 추계를 보면 한국의 인구는 2030년에 5,213만 명으로 절정에 달합니다. 이후 감소하지만 2060년에도 인구는 4,396만 명입니다. 1992년(4,330만 명) 인구수준으로 1988년(4,245만 명)보다는 여전히 90만 명가량 많습니다.

상당수의 인구경제학자는 인구오너스 이론이 필요 이상으로 과장되어 있다고 주장합니다. 호들갑이 아니라면 의도적으로 위기감을 조성하려는 속셈도 있다고 보고 있습니다. 경제성장이 인구구조에 의해 결정된다는 믿음은 "인간이 성욕을 조절하지 못해 인구증가를 막을 수 없을 것"이라는 토머스 맬서스의 인구론만큼이

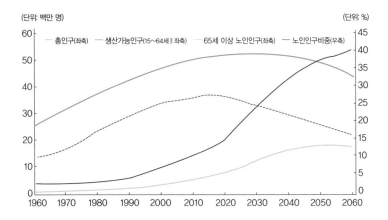

인구 추이와 전망

(단위: 백만 명)   (단위: %)

── 총인구(좌축) ---- 생산가능인구(15~64세‖좌축) ── 65세 이상 노인인구(좌축) ── 노인인구비중(우축)

1960 1970 1980 1990 2000 2010 2020 2030 2040 2050 2060

자료: 통계청 〈국가예산정책처 2016~2060년 장기재정전망〉

나 단순합니다. 경제성장에는 자본과 총요소생산성(부가가치)도
큰 비중을 차지합니다. 그러니까 인구가 다소 감소하더라도 자본
투자를 늘리거나 총요소생산성을 높이면 경제성장률을 높일 수
있습니다.

총요소생산성은 경제성장에서 자본투입이나 노동투입으로 설
명할 수 없는 부분을 말합니다. 노동생산성일 수도 있고, 법이나
제도 등 정치적·사회적 요소일 수도 있습니다. 예컨대 노사관계가
좋으면 사회적 갈등비용이 줄고, 예상했던 것보다 노동생산성도
높아질 수 있습니다. 이런 것이 바로 총요소생산성입니다. 인구는
줄어도 총요소생산성을 끌어올린다면 경제가 계속해서 성장할 수

있습니다.

미래의 고용시장이 현재의 고용시장과 똑같을 것이라고 보기 어렵습니다. 4차산업혁명 시대에는 사람이 할 일을 인공지능AI이나 로봇이 대체합니다. 멀리 볼 필요도 없습니다. 고속도로 톨게이트를 생각해봅시다. 고속도로에서 주요 도시로 들어가는 톨게이트의 상당수는 하이패스로 바뀌었습니다. 지방 중소도시의 일부 톨게이트에는 통행요금 징수원이 아예 없는 경우도 있습니다. 게이트 전부가 하이패스 전용이기 때문입니다. 2017년 하이패스 이용률은 80%에 달합니다. 고속도로 톨게이트 요금징수원은 한때 7천여 명에 달했습니다.

'스마트톨링'이 완성되는 2019년쯤이면 요금징수원이 아예 사라질 수도 있습니다. '스마트톨링'이란 차량들이 정차 없이 통행료를 납부할 수 있는 시스템을 말합니다. 하이패스를 사용하는 차량은 하이패스로, 하이패스를 사용하지 않는 차량은 차량 번호판을 촬영하는 방식으로 요금이 수납됩니다. 머지않아 톨게이트는 추억의 교통시설물이 될지도 모릅니다. 고속도로 위에서 운전중에 자동적으로 통행료가 정산되는 시스템이 대구-부산 고속도로 등에 구축중입니다.

사람을 쓰지 않는 무인화의 속도는 매우 빠릅니다. 일본에서는 이미 무인편의점이 상당히 보급되었고, 한국에서도 급속히 그 세를 늘려가고 있습니다. 아마존은 2018년 1월 직원 없는 식료품점인 '아마존고Amazon Go'를 처음으로 공개했습니다. 이들의 모토는 '그냥 걸어나가라Just walk out'입니다. 물건을 집어서 매장을 나서기만 하면 10분 뒤 영수증이 내 스마트폰으로 날아옵니다. 운전자가 직접 주유를 하는 셀프주유소는 이미 일반화되었습니다. 최근에는 셀프카페도 나왔습니다. 알아서 커피를 마시고 돈을 내고 가면 됩니다. 이런 식이라면 몇 년 안에 아르바이트생이 필요 없는 시대가 열릴 수도 있습니다.

10여 년 뒤 자율주행자동차 시대가 열리면 '일자리 충격'이 본격화될 것입니다. 먼저 직업 운전사가 일자리를 잃게 될 것입니다. 차량은 알아서 '스마트'하게 손님을 모실 것입니다. 대리운전사도 필요 없습니다.

이 시대에는 카센터도 무용지물입니다. 가솔린 내연기관이 전기자동차의 모터로 교체되면 일반 카센터는 고칠 수 없습니다. 시스템도 전자장비이기 때문에 카센터가 손대기 곤란합니다. 문제가 발생한 차량은 제조사에 곧바로 재입고됩니다.

드론을 이용한 택배는 택배 인력을 줄일 것입니다. 아침 뉴스는 로봇이 써내려갈 것입니다. 고령자를 위한 헬스케어 인력도 상당 부분 로봇과 AI가 대체할 것입니다. 전동휠체어가 나온 뒤 휠체어를 밀어줄 도우미가 필요 없어진 것을 생각하면 쉽습니다.

2016년 세계경제포럼에 따르면 2020년까지 510만 개의 일자리가 사라질 것으로 전망되었습니다. 200만 개의 새 일자리가 만들어지지만, 사라지는 일자리(710만 개)가 더 많다는 것을 의미합니다.[7] 현재의 상태로라면 일자리난은 갈수록 심해질 것입니다.

인구가 감소하면 취업난이 해소된다?

인구감소는 만성화된 취업난을 해소하는 기회가 될 수 있습니다. 일본이 딱 그렇습니다. 2017년 7월 기준 일본의 유효구인배율은 1.52배로 1947년 2월 이후 43년 5개월 만에 최고 수준이었습니다. 유효구인배율이란 구직자의 수를 기업의 구인자 수로 나눈 것입니다. 1배보다 크면 구인자 수가 더 많아 취직이 쉽고, 1배보다 적으면 구직자 수가 더 많아 일자리를 잡기 어렵습니다. 1.52배면 일자리가 넘쳐나는 수준입니다. 그러니 일본 청년들 사이에 "골라서 취직한다"는 말이 나올 만도 합니다. 한국도 그랬던 때가 있었습니다. 1980년대 후반 대학생들은 졸업 전 밀려드는 입사원서에 즐거운 비명을 지르며 원하는 기업을 골라서 갔습니다.

인력난이 심해지자 일본 기업들은 장기고용을 약속하며 정규직 고용을 늘리고 있습니다. 반면 비정규직은 줄이는 추세입니다. '잃어버린 20년' 동안 경비를 절감하느라 비정규직을 늘렸던 것과 비교하면 격세지감隔世之感이 따로 없습니다.[8]

이런 시대에 인구증가는 악몽이 될 수 있습니다. 일자리 경쟁이 더 치열해지고 일자리를 잡은 사람과 잡지 않은 사람 간 소득 불평등이 더 커질 것이기 때문입니다. 일자리를 잡은 사람 중에서도 정규직과 비정규직 간 임금격차가 커질 것입니다. 소수를 제외하고는 '워킹푸어(working poor, 일하지만 가난한 사람)'로 전락할 수 있습니다. 기업이 필요로 하는 인력수요에 비해 취직을 원하는 노동공급이 과도하게 많으면 임금은 떨어집니다.

이렇게 되면 정부는 소득분배와 실업자 대책에 골머리를 싸매게 될지도 모릅니다. 다시 말해 인구증가와 인구보너스는 노동력이 많이 필요했던 과거의 유물이지 미래의 유산이 아니라는 이야기입니다.

적정인구를 찾아라

인구는 너무 많아도, 너무 적어도 문제일 수 있습니다. 그래서 나오는 이야기가 '적정인구'입니다. 한반도에 얼마의 인구를 수용할 수 있으며, 우리가 먹여 살릴 수 있는 인구가 얼마나 될 것인지를 따져보자는 것입니다. 남북을 합친 인구는 7천만 명입니다. 유사 이래 가장 많은 수치입니다. 조선총독부 자료를 보면 1943년 한반도 인구는 2,580만 명 수준이었습니다.

적정인구를 모르다 보니 한국의 인구정책은 주먹구구식입니다.

제3차 저출산·고령사회 기본계획(2016~2020년)은 2020년까지 합계출산율을 1.5명으로 끌어올리는 것이 목표입니다. 왜 합계출산율이 1.5명이 되어야 하는지 논리적인 이유는 없습니다. '인구대체수준(현 수준의 인구가 유지될 수 있는 합계출산율)인 2.1명을 유지하기 위한 교두보'라는 설명이 전부입니다.

굳이 유추하자면 정부의 목표는 2.1명인데, 2.1명으로 높이기 위해서는 우선 2020년까지 1.5명에는 도달해야 한다는 의미로 보입니다. 일본은 2014년 마지노선 인구를 1억 명으로 정했습니다. 1억 명이 일본열도가 수용할 수 있는 적정인구라는 뜻입니다. 현재 인구보다 2,600만 명이 적습니다. 이에 일본은 1억 명을 유지하기 위한 합계출산율로 1.8명을 제시했습니다.

〈중앙일보〉는 2016년 '인구 5천만을 지키자'라는 시리즈를 통해 한국의 적정인구를 5천만 명으로 정했습니다. 하지만 5천만 명이어야 하는 이유는 좀 아리송합니다. 전문가들에게 물었더니 그저 한국의 인구가 5천만 명은 되어야 한다는 답이 제일 많더라는 것입니다. 이들 전문가가 제시한 5천만 명은 과학적 연구 분석의 결과라기보다는 '현행 인구수준은 되는 게 좋지 않으냐'는 직관적 수준입니다. 과학적·경제적·사회적 근거는 다소 약합니다. 그저 관성에 기댄 답변처럼 보일 뿐입니다.

순천향대학교 김용하 교수는 한국의 적정인구로 4천만 명 초반 대를 제시했습니다. 지금보다 1천만 명 정도는 적은 인구입니다. 이를 위해 필요한 출생아 수는 연간 45만 명입니다. 그는 합계출산율보다 출생아의 수가 중요하다고 했습니다. 합계출산율을 2.1명으로 끌어올린다 하더라도 지금 상태라면 인구는 감소합니다. 아이를 낳을 수 있는 여성의 수가 대폭 줄어들기 때문입니다.

예컨대 1970년대 초반 출생한 여아는 50만 명이었습니다. 2017년에 출생한 여아는 20만 명으로 절반도 안 되는 수치입니다. 합계출산율이 2.1명으로 같다고 할 경우, 1970년대 태어난 여아들은 평생 105만 명의 아이를 낳지만 2017년에 태어난 여아들은 42만 명만 낳습니다. 합계출산율을 목표로 할 게 아니라 출생아를 목표로 정한 뒤 합계출산율을 역산하는 것이 맞습니다.

적정인구가 정해지면 한국사회가 필요로 하는 성장의 수준도 예측할 수 있습니다. 경제성장률 목표는 노무현 정부 때 5%, 이명박 정부 때 4%, 박근혜 정부 때 3%로 매 정권마다 낮아졌습니다. 문재인 정부는 전 정부 때와 같은 3%를 내세웠습니다. 성장률이 더 떨어져서는 곤란하다는 위기의식에서 나온 수치입니다. 경제성장률 목표는 한국개발연구원 등이 제시한 잠재성장률을 참고합니다.

하지만 이 목표를 달성했을 때 실제로 한국경제가 더 좋아진 것인지, 또한 달라졌다는 것을 시민들이 체감할 수 있는 것인지 자신 있게 말할 수 있는 사람은 없습니다. 김용하 교수는 "적정인구가 정해지면 우리가 성장을 얼마나 하면 되는지, 소득은 얼마까지

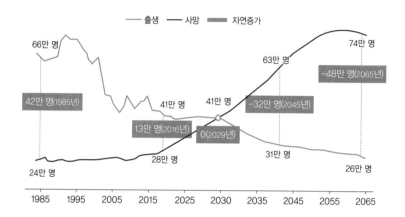

출생·사망·자연증가 추이 및 전망(1985~2065년)

— 출생　— 사망　■■■ 자연증가

66만 명

74만 명

63만 명

−48만 명(2065년)

42만 명(1985년)

41만 명　　41만 명

−32만 명(2045년)

13만 명(2016년)　0(2029년)

28만 명

31만 명

24만 명

26만 명

1985　1995　2005　2015　2025　2030　2035　2045　2055　2065

자료: 통계청 자료를 바탕으로 국회예산정책처 재작성, 〈산업동향&이슈〉 창간호

필요한지 등도 역산이 될 것"이라며 "지금처럼 무리해서 고성장
과 국민소득 증대 목표를 세우지 않아도 된다"라고 말했습니다.

적정인구는 인위적으로 정하지 않더라도 시장에서 자율적으로
결정될 것이라고 보는 견해도 있습니다. 시장의 '보이지 않는 손'
이 인구의 수요와 공급을 조절해줄 것이라는 말입니다. 세계 최고
의 인구통계 석학으로 불리는 스웨덴 카롤린스카 의학원의 한스
로슬링 교수의 이야기를 들어봅시다. 로슬링 교수에 따르면 20세
기에는 산업혁명 이후 기업이 많은 노동력을 필요로 했습니다. 노
동의 가치가 높아지자 가계는 인력공급을 늘렸습니다. 이 때문에
인구가 증가했습니다.

하지만 4차산업혁명 시대가 도래하는 21세기에는 기업이 필요로 하는 인력이 줄어듭니다. 노동가치가 추락하면 가계는 더이상 인력을 공급하지 않습니다. 과거에 비해 노동자 한 명을 양성하는 데 드는 비용도 커졌습니다. 행여 일자리가 있더라도 저임금이라면 인력을 공급하기 어렵습니다. 이런 상황이라면 인구가 줄어드는 것이 자연스럽습니다.

맬서스도 몰랐다

그렇다면 2000년대 이후 한국의 저출산도 합리적인 선택의 결과로 볼 수 있습니다. 과잉인구로 인해 엄청난 수준의 경쟁이 사회에서 유발되었습니다. 경쟁에서 이기기 위해 고학력이 필요했습니다. 가계가 아이를 양육하는 비용이 눈덩이처럼 불어났습니다. 어렵게 키웠지만 취직이 되지 않았습니다. 청년이 되어도 학원비와 생활비가 추가적으로 들어갔습니다. 마침내 취직을 해 독립해 나가도 제 몸 하나 건사하는 게 벅찹니다. 부모 부양은 기대도 하지 않습니다. 출산과 양육 역시 도저히 수지타산이 맞지 않습니다. 가계는 저출산이라는 선택을 했습니다.

역설적으로 저출산이 계속되어 사람이 귀한 시점이 오면 인구가 다시 증가할 것이라는 가설이 존재할 수 있습니다. 사회적 경

2015년 OECD 회원국의 합계출산율

(단위: 가임 여성 1명당 명)

국가	합계출산율	국가	합계출산율	국가	합계출산율
이스라엘	3.09	노르웨이	1.73	룩셈부르크	1.47
멕시코	2.19	덴마크	1.71	일본	1.45
터키	2.14	벨기에	1.69	헝가리	1.44
뉴질랜드	1.99	네덜란드	1.66	슬로바키아	1.40
아일랜드	1.94	핀란드	1.65	이탈리아	1.35
프랑스	1.92	캐나다	1.59	그리스	1.33
스웨덴	1.85	에스토니아	1.58	스페인	1.33
칠레	1.85	슬로베니아	1.57	포르투갈	1.30
미국	1.84	체코	1.57	폴란드	1.29
아이슬란드	1.81	스위스	1.54	한국 (2015)	1.24
호주	1.81	독일	1.50	한국 (2016)	1.17
영국	1.80	오스트리아	1.49		
OECD 평균 1.68					

※ OECD 평균은 34개국사의 최근 자료를 이용한 계산(캐나다는 2013년, 칠레는 2014년이 최근 수치임)

자료: OECD, Family Database

쟁이 줄어들면 고학력은 필요 없습니다. 가계의 교육비 부담은 줄어듭니다. 청년의 취직과 독립도 빨라져 양육비도 대폭 줄어듭니다. 정부의 지원으로 노년의 삶까지 보장되면 '아이 한번 낳아볼까'라는 생각이 들 수도 있습니다.

거시경제를 책임져야 하는 정부는 아이가 줄어드는 것을 원하지 않습니다. 각종 복지정책을 써서 인구증가를 유도할 것입니다. 서구사회가 그랬고, 지금의 한국사회도 그 길을 밟고 있습니다. 한국이 저출산 대책을 처음 낸 것은 2005년입니다. 이후 보육비 지원, 무상급식, 아동수당 등이 차례로 생겨났습니다. 일부 지자체는 청년수당까지 지급하고 있습니다. 아이와 청년에 대한 투자가 점차 늘어나고 있는 것입니다. 서구사회처럼 '아이 몇 명만 있어도 수당을 받으면 사는 것이 문제없는' 수준에 도달한다면 출산율은 올라갈 가능성이 큽니다.

이러한 변수를 고려하지 않고 2100년까지 인구가 계속 줄어들 것으로 내다본 장래인구 추이를 신봉하는 것은 바보 같은 짓이 될 수 있습니다. 200년 전 맬서스는 인구가 무한히 늘어날 것이라고 했습니다. 하지만 1950년대 서구사회를 시작으로 저출산이 시작되었고, 이제는 아시아와 아프리카 등으로 확산되고 있습니다. 만약 맬서스가 무덤에서 나와 지금 상황을 본다면 뭐라고 말할까요. 미래는 그 누구도 알 수 없습니다. 어떤 일이 어떻게 변할지 아무도 장담할 수 없습니다.

만약 맬서스가 무덤에서 나와
지금의 상황을 본다면 뭐라고 말할까요?
미래는 그 누구도 알 수 없습니다.
어떤 일이 벌어질지 어떻게 변화할지
아무도 장담할 수 없습니다.

한국은 주요국에 비해 정부의 빚이 매우 적은 나라입니다. 복지지출도 매우 적습니다. 경기가 나쁘다고 합니다. 이제는 그동안 쌓아둔 정부 곳간을 열어 경기부양에 나서자고 합니다. 하지만 재정지출을 자칫 잘못 늘렸다가 부채가 급증할 것을 우려합니다. 별다른 방패막이 없는 한국 입장에서 재정이 악화되면 대외안정성이 약화됩니다. 재정이 좋다지만 고령화와 통일에 대한 대비를 생각할 때 착시라는 주장도 많습니다.

경제가 돌아가기 위해서는 누군가 돈을 써야 합니다. 한국정부는 '저축왕'입니다. 지출에 매우 인색합니다. IMF 외환위기 이후에는 기업도 돈을 쓰지 않고 있습니다. 결국 주머니를 연 곳은 가계였습니다. 가계빚은 정부빚이나 기업빚보다도 더 위험합니다. 국제기구는 재정을 풀어 사회안전망을 갖추고 경기를 부양하라고 권합니다. 한국사회는 어떤 선택을 내려야 할까요?

2장

곳간을 풀면
한국경제는
흥할까, 망할까?

"소득이 증가하면 소비가 늘어나 경제가 살아날 것"
vs.
"재정이 악화되고 미래세대에 부담만 될 것"

아시아 외환위기가 한국을 덮치던 날

너무나 평온했던 1997년 11월 21일 밤, 브리티시에어웨이BA에 근무하는 스미스 씨의 가족은 BBC의 9시 뉴스를 보기 위해 홍차를 들고 거실에 모였습니다. 화면에는 동아시아 기상지도를 배경으로 기상캐스터가 서 있었습니다. 기상캐스터는 "태국에서 시작된 태풍이 홍콩을 거쳐 오늘 한국을 덮쳤다"라고 했습니다. "11월에 무슨 태풍이람?" 스미스 씨는 고개를 갸우뚱했습니다. 항공사에서 일해 타이완, 한국, 일본 등을 강타하는 태풍이 여름에 발생한다는 것을 잘 알고 있었기 때문입니다.

의문은 곧 풀렸습니다. BBC 9의 시작을 알리는 오프닝 사운드와 자막이 지나가자 메인앵커가 말했습니다. "첫 번째 소식입니다. 오늘 한국이 IMF에 구제금융을 요청했습니다." 이어서 임창열 부총리 겸 재정경제원(현 기획재정부) 장관이 고개를 숙이는 모습이 화면에 잡혔습니다. 그는 여기저기서 터지는 카메라 플래시를 뚫고 말했습니다. "대기업 연쇄부도에 따른 대외신뢰도 하락으로 단기자금 만기연장 등 외화차입에 어려움을 겪고 있습니다. 금융·외환시장의 어려움을 극복하기 위해 IMF에 유동성 조절자금을 지원해줄 것을 요청하기로 결정했습니다." BBC 특파원은 서울의 반응을 보여주었습니다. 한 여인이 울부짖는 목소리가 TV를 통해 나왔습니다. "우리는 망했어요!"

빚도 자본이라지만 그건 시절 좋을 때의 이야기입니다. 빚은 역시 빚입니다. 은행은 돈을 빌려줄 때는 웃지만 개인이 돈을 갚지 못하면 금세 안색을 바꾸어버립니다. '비 올 때 우산 빼앗아가기'는 자본의 특성입니다. 은행과 개인 간의 거래도 그런데 국가와 국가 간의 거래는 어떻겠습니까. 한국은 IMF와 미국, 일본 등에 돈을 빌리기 위해 기업과 금융의 문을 강제로 열어젖혀야만 했습니다. 알짜 자산은 강제로 매각당했고, 정부기관도 해외자본이 원하는 대로 개편을 해야 했습니다. 돈 없는 설움을 톡톡히 당했던 것이 바로 1997년 외환위기였습니다.

외환위기 트라우마는 한국정부가 재정에 대해 보수적으로 방향을 트는 계기가 되었습니다. 무역수지 흑자는 지상 최고의 과제가 되었습니다. 주요국과 통화스와프[1]를 잇달아 맺은 것도 같은 이유입니다. 문제는 여기에서 출발합니다. 그동안 한국경제는 공급 우위의 성장(많은 투자를 통해 경쟁력 있는 생산품을 만들고 이를 팔아 경제를 성장시키는 방식)을 해왔습니다.

하지만 2000년 중반부터 저성장의 늪에 빠지면서 상황이 달라졌습니다. 저성장의 원인이 수요부족 때문일 수도 있다는 의문이 생겼기 때문입니다. 수요부족이란 소비자가 물건을 사주지 않는 내수부진 상태를 말합니다. 아무리 좋은 물건을 만들었더라도 소비자가 물건을 사주지 않으면 의미가 없는 것입니다.

한국경제는 새로운 길을 찾기 시작했습니다. 그 길은 수요확대(소비자가 물건을 사도록 해 생산을 늘리고 이를 통해 경제를 성장시키는 방식)였습니다. 쉽게 말해 공급확대만 꾀할 것이 아니라 연구개발R&D 투자를 늘려 소비자가 물건을 살 수 있도록 주머니에 돈을 넣어주자는 이야기입니다. 시민들의 주머니를 두둑하게 할 수 있는 방법 중 하나가 복지입니다. 이를 위해서는 정부가 돈을 써야 하지만 "돈을 함부로 써서는 안 된다"라는 경고가 만만치 않습니다. 재정은 마지막 안전판이라는 생각이 워낙 확고하기 때문입니다.

외환위기에 호되게 당했던 한국은 지난 30년간 안전판을 단단히 쌓는 데 주력했습니다. 1997년 말 204억 달러였던 외환보유액은 2018년 7월 기준 4천 억 달러를 넘어섰습니다. 세계에서 9번째

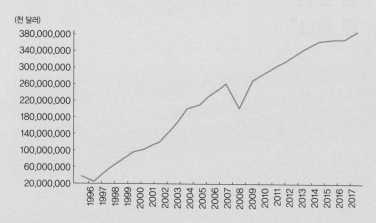

한국 외환보유액 추이

(천 달러)

자료: 한국은행

로 많은 수치입니다. 2018년 7월 기준 무역흑자는 77개월 연속 흑자 상태입니다. 2012년 2월 이후 한 번도 적자를 내본 적이 없습니다. 2018년 기준 GDP 대비 국가채무는 40%를 밑돕니다. 이제 경제의 활력을 위해 돈을 좀 꺼내 써도 되는 것일까요? 아니면 위기를 대비해 계속 돈을 쌓아야 하는 것일까요?

"돈 쓰면
안 된다"

미래세대에 짐을 지울 것인가?

문재인 정부는 '소득주도성장'을 추진하고 있습니다. 소득주도성장은 가계의 소득을 늘리면 구매력(물건을 살 수 있는 능력)이 늘어나고, 이로 인해 소비가 증가하면 기업의 생산이 늘어나 경제가 활력을 되찾는다는 이론입니다. '분수효과'를 기대하는 정책이라고 볼 수 있습니다. 분수효과란 한계소비성향(같은 돈이 주어졌을 때 소비를 하는 정도)이 높은 저소득층에게 돈을 분배하면 이들이 소비를 늘려 경제가 살아난다는 이론으로 '밑에서부터 군불 때기'를 의미합니다. 고소득층이 소비를 해야 '위로부터 낙수효과가 나타난다'는 이론과 반대 개념입니다.

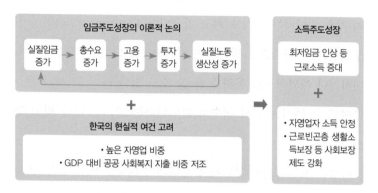

소득주도성장의 개념틀

자료: ILO(2011) 및 소득주도성장 관련 주요 정책 세미나 자료 등을 바탕으로 국회예산정책처 재작성

소득주도성장을 위해서는 확장재정이 불가피합니다. 확장재정은 실제 능력보다 돈을 더 쓰는 것을 말합니다. 정부가 수입보다 지출을 더 많이 하거나 경제성장률보다 재정지출 증가 속도가 더 빠른 경우입니다. 확장재정을 하면 재정적자가 커지고 국가채무는 늘어납니다. 문재인 정부는 확장재정을 통해 공무원을 대폭 늘리고 아동수당 등의 복지를 확대하기로 했습니다. 최저임금 인상도 소득주도성장의 한 기둥입니다. 문재인 정부는 저소득 노동자의 소득을 높여주면 소비가 증가할 것으로 믿고 있습니다.

하지만 소득주도성장에 대해 주류 경제학자들은 "본 적도 들은 적도 없는 경제 논리"라며 반대하고 있습니다. 경제는 무릇 성장을 통해 파이를 나누는 것이지 분배를 통해 성장할 수는 없다는 것입니다.

글로벌화된 세상이라 분배를 해도 내수소비가 생각만큼 늘어나지 않을 것이라는 주장도 펴고 있습니다. KDI한국개발연구원의 한 연구위원은 "극단적으로 말하자면 저가항공을 타고 해외로 가서 소비하거나 해외직구를 통해 돈을 쓸 수도 있다"라며 "정부가 돈을 뿌려도 그 돈이 반드시 내수로 환원된다는 증거는 없다"라고 말했습니다.

야당은 재정건전성 차원에서 강하게 반대하고 있습니다. "돈을 펑펑 써버리면 미래세대에 부담이 간다"는 이유입니다. 돈을 뿌린 만큼 경기가 살아나지 않는다면 결국은 빚으로 남게 됩니다. 소득주도성장의 효과가 확실하지 않은 만큼 야당은 제한적인 재정확장을 요구하고 있습니다. 예컨대 공무원 증원은 제한하고 아동수당에서 고소득층은 제외해야 한다는 것이지요. 작은정부는 미국식 자본주의를 닮았습니다.

그렇다면 한국의 재정은 얼마나 튼튼할까요. 한국의 GDP 대비 국가부채는 2017년 기준 39.6%입니다. 이는 OECD 평균(116.0%)을 크게 하회하는 것으로 주요국 중에서 최저 수준의 국가부채라고 할 수 있습니다. 구체적으로 보면 2016년 전망 기준 독일은 GDP 대비 75.2%, 영국은 115.3%, 프랑스는 121.6%입니다. 한국과 비교하면 현저히 높은 수준입니다. EU 국가들은 마스트리히트 조약 당시 EU 가입 기준으로 GDP 대비 국가부채 기준을 60%로 제시했습니다.

국가부채가 GDP 대비 60%를 넘어서면 이자를 갚기 위해 돈을 빌려야 하는 상황이 발생합니다. 국가부채가 GDP 대비 60%가 넘는다면 재정이 불안해 EU의 일원으로 받아들이지 않겠다는 경고였습니다. 하지만 금융위기가 터지면서 이 기준은 사실상 무용지물이 되었습니다. 각국은 시민들의 생활안정이 우선이었습니다. 사회안전망을 구축하기 위해 복지에 돈을 쓰면서 재정수지가 급격히 악화되었습니다. 어떤 나라도 GDP 대비 국가부채 60%를 지키지 못하게 되자 EU는 슬그머니 이 기준을 내렸습니다.

OECD와 비교해볼 때 한국의 곳간은 상대적으로 건전해 보입니다. 그럼에도 불구하고 재정을 함부로 써서는 안 된다는 주장이 강한 것은 향후 전망이 유럽과 너무 다르기 때문입니다.

첫 번째 리스크는 저출산·고령화입니다. 한국의 고령화는 전 세계에서 유래를 찾을 수 없을 정도로 빠르게 진행되고 있습니다. 노인인구 비율은 2015년 13.1%에서 2030년 24.3%로 확대된 뒤, 2050년에는 37.4%까지 증가할 것으로 전망됩니다. 특히 베이비붐 세대(1955~1974년생, 1,644만 명, 총인구의 32.5%)가 본격적으로 노년층에 진입하는 2020년부터는 노인인구가 눈덩이처럼 불어납니다.[2] 노인이 늘어난다는 말은 노인을 위한 지출도 급격히 늘어난다는 의미입니다. 지금까지 없었던 노인을 위한 지출이 확대되면 정부가 써야 할 돈이 더 많아지게 됩니다.

한국의 공공사회복지 지출은 2013년 기준 GDP 대비 9.8%에 그

노년부양비 추이

(단위: %, 천 명)

	노년부양비	노인인구	생산가능인구	노인 1인당 생산가능인구(명)
1980	6.1	1,465	23,717	16.3
1990	7.4	2,195	29,701	13.5
1995	8.3	2,657	31,900	12.0
2005	12.5	4,321	34,641	8.0
2015	17.5	6,541	37,444	5.7
2025	29.4	10,508	35,757	3.4
2035	47.9	15,176	31,677	2.1
2045	65.6	18,179	27,718	1.5
2055	76.1	18,574	24,421	1.3
2065	88.6	18,273	20,620	1.1

※노년부양비는 생산가능인구(15~64세) 100명에 대한 고령인구(65세 이상)의 비율임.

자료: 통계청, 〈장래인구추계(2015~2065) 인구구조변화와 사회안전망 정책분석 I 〉

치고 있습니다. 유럽에 비해 복지가 약한 탓도 있지만 유럽에 비해 노인수가 적은 탓도 있습니다. 다른 복지를 추가로 확대하지 않는다는 전제로 현 상황을 그대로 유지만 해도 한국의 공공사회 복지 지출은 2040년 OECD 평균(2011년 기준 21.4%)인 22.6%로 확대됩니다. 획기적인 인구구조 변화가 없는 한 가만히 앉아만 있어도 23년 뒤에는 OECD 수준으로 지출이 늘어날 수밖에 없다는 뜻입니다.

한국의 건전재정은 착시?

복지 지출뿐만이 아닙니다. 국민연금도 내는 사람보다 받아 가는 사람이 많아집니다. 지금은 국민연금을 내는 사람이 더 많아 연간 4조 원가량의 돈이 적립됩니다. 하지만 2044년쯤부터는 국민연금 적자(국민연금에서 지출하는 연금이 연금 수입보다 많아짐)가 시작될 것입니다. 정부는 2060년에 기금이 고갈될 것으로 정부는 보고 있습니다. 국민연금은 군인연금이나 공무원연금 등과 달리 정부가 법적으로 지원해줄 의무가 없습니다.

그럼에도 불구하고 정부는 국민연금이 붕괴되도록 방치할 수 없습니다. 국민의 노년의 삶에 대한 마지막 방어막인 데다가 국가에서 의무적으로 보험료를 뗀 만큼 국민들은 사실상 정부가 보증을 섰다고 생각하기 때문입니다. 그렇기 때문에 국민연금이 적자를 기록하면 정부가 어떤 식으로든 부족분을 메워줘야 합니다. 현실적으로 재정투입 말고는 방법이 없습니다. 그만큼 정부지출이 늘어납니다. 그나마 국민연금은 고갈 시점이 늦은 편입니다. 건강보험은 2025년에 고갈될 수 있다는 전망이 나와 있습니다.

종합하면 지금의 낮은 GDP 대비 국가부채는 우리가 잘해서 된 것이 아니며, 베이비붐 세대가 노인이 되기 전까지 잠시 유보된 착시현상일 뿐이라고 볼 수 있습니다.

재정과 관련해 생각해야 할 한국적인 문제도 있습니다. 바로

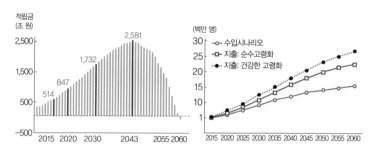

국민연금 기금 적립금 추이   건강보험재정수지 전망

자료: 제3차 저출산 고령사회 기본 계획

'북한리스크'입니다. 지금은 불가능해 보이지만 언젠가 남북한이 통일되는 때를 생각해보지 않을 수 없습니다. 이른바 '통일비용' 때문입니다. 사실 통일에 필요한 비용은 추계하기 힘듭니다. 통일이 어떤 방식으로 어떻게 이루어질지 모르기 때문입니다. 북한이 갑자기 무너지는 흡수통일이 될지, 양국이 체제를 인정하며 점진적인 통일을 할지에 따라 비용은 천지 차이로 달라집니다. 다만 확실한 것은 어떤 식이든 엄청난 돈이 필요할 것이라는 사실입니다.

노무현 정부 때였던 2005년 기획예산처는 정부 차원에서 통일비용을 공식적으로 추계했습니다. 당시 변양균 기획예산처 장관은 "독일은 해마다 GDP의 4~5% 정도를 통일비용으로 투입하고 있다"라며 "통일 당시 동독의 인구는 서독 인구의 1/4에 불과했고, 과학기술이 발달했지만 북한의 경우 인구가 남한의 절반이며,

경제수준도 세계 최하위권이어서 통일비용이 더 많이 필요하다"라고 말했습니다. 그러면서 변 장관은 "흡수통일을 하면 북한의 교사시스템이나 법률, 경찰 등 모든 중추기능을 다 바꿔야 하는데 그런 비용이 (GDP의) 10% 정도밖에 안 되겠느냐"라고 덧붙였습니다.[3]

GDP의 10%면 2017년 기준으로 160조 원입니다. 2018년 정부 예산안 429조 원의 37.3%에 달하는 엄청난 돈입니다. 이만큼의 세수를 추가로 걷지 못한다면 정부가 국채를 발행해 조달해야 합니다. 독일은 통일비용을 30년간 댔습니다. 과연 한국이 독일처럼 통일비용을 댈 수 있을까요? 기획재정부 관계자는 "통일이 되면 사람과 관련된 비용은 1.5배, 국토와 관련된 비용은 2배씩 늘어난다고 보면 계산하기 쉬울 것"이라고 말했습니다.

이런 점들을 모두 고려하면 GDP 대비 국가부채 39.6%를 결코 낮게 볼 수 없다는 것이 재정보수주의자들의 주장입니다. 특히 재정은 그 특성상 한번 빚이 불어나면 줄이는 것이 매우 어렵습니다. 한번 시행한 재정사업(예를 들어 복지사업)은 사업과 액수를 법률로 못박는 경우가 많아 법을 개정하기도 어렵거니와 기존의 수혜를 받았던 계층으로부터 엄청난 저항을 받게 됩니다. 국가부채는 일정 규모를 넘어서면 부채가 부채를 낳는 '스노우볼 효과(눈덩이처럼 커지는 효과)'가 발생합니다. 그 예가 일본입니다.

일본, 예산의 1/4을 빚 갚는 데 쓰다

1990년대 초반만 해도 일본은 재정모범국이었습니다. 경제성장률이 높아 세수입이 많았고 무역수지의 흑자 규모도 컸습니다. 1991년 일본의 GDP 대비 국가채무는 64.8%였습니다. 하지만 1985년 플라자합의로 엔화강세가 시작되면서 모든 것이 달라졌습니다. 수출 진작을 위해 일본정부는 돈을 꺼내 썼습니다. 곳곳에 땅을 파 도로와 철도, 건물을 만들었습니다. 때마침 고령화로 인한 복지비 지출도 증가했습니다. 나가는 돈은 많은데 들어오는 수입은 제한적이었습니다.

이때부터 저출산으로 인해 생산가능인구가 감소하기 시작했습니다. 세금을 내야 하는 핵심인구층이 줄어드는 상황에서 일본은 감세정책까지 시행했습니다. 들어오는 돈은 적은데 나가는 돈은 더 많아졌습니다. 이런 정책을 20년 넘게 사용하면서 재정이 급속도로 악화되었습니다.

일본은 1998년 GDP 대비 국가채무가 100%를 넘어서자 국채이자를 갚는 것도 부담이 되기 시작했습니다. 2011년에는 국가채무가 200%를 넘어섰습니다. 보유하고 있는 다른 나라의 국채나 금융자산이 많아 일본은 순국가채권국(갖고 있는 대외채권이 갚아야 할 대외채무보다 많은 나라) 지위를 유지해왔었습니다. 하지만 2008년 금융위기 이후에는 순국가채무국 지위마저 잃어버렸습니다.

2015년 기준 일본이 지고 있는 국가부채는 1,167조 엔(1경 2,100조 원)에 달합니다. 한국(2015년 기준 595조 원)의 20배에 이르는 수치입니다. 일본의 경제규모가 한국의 3배임을 감안하면 엄청난 빚을 지고 있는 셈입니다. GDP 대비 부채 비율은 재정파탄 상태라는 그리스(177%)보다 높습니다.

부채는 이자를 낳습니다. 일본은 매년 국채 이자와 국채 만기연장을 위해 23조 5천억 엔(한화 244조 원)을 쓰고 있습니다. 원금을 갚기 위해서가 아니라 단순히 이자와 만기연장을 위해 쓰는 돈이 이 정도입니다. 일본의 2015년 연간 예산의 24.3%에 달하는 수치입니다. 일본은 1993년 이후 단 한 번도 재정수지(정부수입에서 정부지출을 뺀 것) 흑자를 기록한 적이 없습니다. 예산의 1/4을 빚 갚는 데 쓰는 현 상황에서 당분간 재정수지 흑자를 기대한다는 것은 불가능해 보입니다. 기획재정부 예산실 관계자는 "재정전문가 입장에서 볼 때 저러고도 나라가 돌아간다는 게 신기할 정도"라고 말했습니다.[4]

그럼에도 불구하고 일본이 버티는 이유는 일본의 국가부채를 외국인이 아닌 일본인이 보유하고 있기 때문입니다. 이른바 '와타나베 부인(일본의 개인투자자)'들이 일본 국채의 상당량을 지니고 있는 것으로 알려져 있습니다. 일본 투자자들이 일본정부에 국채 상환을 요구하지 않는 한 아무리 빚이 많아도 일본정부가 쫓길 일은 없는 셈입니다. 또 일본중앙은행BOJ도 일본 국채의 40%를 보유

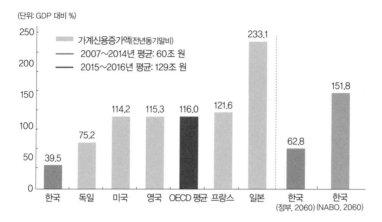

주요국과 국가채무 비교(2016년 전망 기준)

(단위: GDP 대비 %)

- 가계신용증가액(전년동기말비)
- 2007~2014년 평균: 60조 원
- 2015~2016년 평균: 129조 원

한국	독일	미국	영국	OECD 평균	프랑스	일본	한국(정부, 2060)	한국(NABO, 2060)
39.5	75.2	114.2	115.3	116.0	121.6	233.1	62.8	151.8

자료: 국회예산정책처, OECD, 〈2016~2060년 국회예산처 장기재정 전망〉

하고 있습니다. 국채의 상당량을 중국이 쥐고 있는 미국과는 상황이 근본적으로 다릅니다. 중국은 미국과 충돌할 때마다 미국채상환을 무기로 미국을 압박합니다.

일본이 많은 대외자산을 갖고 있어 실질적인 국가부채 부담이 낮다는 주장도 있습니다. GDP 대비 일본정부 부채는 236%지만 자산을 뺀 순부채 비율은 152%에 그칩니다. 여기에다 일본 중앙은행이 보유한 국채(GDP 대비로 환산하면 90% 규모)를 제외하면 일본정부가 실질적으로 대외에 부담해야 하는 국가부채는 GDP 대비 60% 수준까지 떨어집니다.[5]

일본이 버티는 또 하나의 이유는 일본의 정치적·경제적 위상에 있습니다. 서구 국가를 제외하고 일본은 유일하게 앵글로색슨족이 구축한 '그들만의 리그'에 들어가 있는 나라입니다. 미국, 영국, 프랑스, 독일, 캐나다 등과 함께 사실상 기축통화국 대접을 받습니다. 엄청난 국가부채에도 불구하고 아베 신조 총리가 끊임없이 부양정책과 무제한 양적완화정책을 펼 수 있는 이유입니다.

일본중앙은행은 미국 연방준비제도Fed, 유럽중앙은행ECB, 영란은행BOE과 맞먹는 위상을 갖고 있습니다. 이들 나라들은 무제한 통화스와프 등으로 서로 얽혀 있기 때문에 어지간해서는 경제위기가 오지 않습니다. 한 거인의 붕괴가 세계경제에 연쇄적으로 미칠 파장을 잘 알고 있기 때문입니다. 기축통화국들의 눈에 소규모 경제인 한국이 위기에 빠지는 것과 일본이 위기에 빠지는 것은 다른 일입니다.

실제 1997년 외환위기 때 한국은 기축통화국들 때문에 식겁했습니다. 그해 가을 한국에 위험신호가 오자 미국은 한국 지원에 대해 확답하지 않았고, 일본은 한국시장에서 돈을 빼 오히려 추락을 거들었습니다. 믿었던 우방의 배신은 한국 관료들에게 트라우마를 남겼습니다. 세상에 믿을 놈 하나 없다는 것입니다. 외환위기를 종종 'IMF 경제위기'로 부르는 것은 투기자본 등 서구 강대국에 대한 불만이 녹아 있는 것입니다.

한국정부에게 재정은 마지막 '믿을맨'입니다. 상황이 어려워졌을 때 돈을 빌려줄 마음씨 착한 이웃(기축통화국)도 없고, 돈을 꿔

줄 부자가족(국민)도 없기 때문입니다. 가능한 많은 돈을 쌓아두고 싶은 것이 재정관료들의 속내입니다. 어린 시절 지독한 가난에 배를 굶아본 사람이 곳간에 양식을 넘치도록 넣어두어야 비로소 안심을 할 수 있는 것과 같은 이치입니다. 이런 사람들에게 '곡식을 곳간에 너무 많이 넣어두면 손해'라고 아무리 이야기해봤자 귀에 들어갈 리 없습니다. 외환보유고를 쌓아놓고 있는 한국정부의 심정이 딱 이짝입니다.

든든한 재정은 국가신용도로 이어졌습니다. 2017년 한국의 국가신용도는 역대 최고 수준으로 중국은 물론 일본보다 높았습니다. 국제신용평가사 피치가 부여한 한국의 국가신용등급은 'AA-.' 이는 중국(A+)보다 한 단계, 일본(A)보다 2단계 높은 등급입니다. 피치가 한국에게 이 같은 신용등급을 부여한 데는 재정건전성과 풍부한 외환보유액 등이 근거가 되었습니다. 1997년 투기등급까지 떨어졌던 때를 생각하면 기적 같은 일입니다. 국가신용도가 높다는 말은 정부나 기업이 해외에서 저금리로 돈을 손쉽게 빌릴 수 있다는 뜻입니다. 기재부 관계자는 "뒷배를 봐줄 형이나 가족이 없다면 실력으로 현실을 헤쳐나갈 수밖에 없지 않느냐"며 "재정건전성에 우리가 목을 매는 것은 다 이유가 있다"고 말했습니다.

야당은 문재인 정부의 확장예산을 결코 좋아하지 않습니다. 'J노믹스'의 핵심인 공무원 증원과 최저임금 지원, 아동수당 지급, 기초연금 인상 등에 부정적입니다. 야당의 반대는 야당의 선명성을 보여주기 위한 정치적 의도가 적지 않습니다. 하지만 재정건전성이라는 측면에서 보면 이해를 하지 못할 대목도 아닙니다.

국회예산정책에 따르면 이들 4개 정책이 지속될 경우 문재인 대통령 임기 마지막 해인 2022년 국가채무는 당초 예상(986조 원)보다 많은 1,097조 5천억 원으로 111조 5천억 원(11.3%)이 증가할 것으로 전망되었습니다. 또 2060년에는 국가채무가 기존 예산(1경 2,099조 원)보다 3,400조 원이 더 늘어난 1경 5,499조 원에 이를 것으로 추정되었습니다. GDP 대비 국가채무는 194.4%로 2017년 일본 수준에 육박합니다.[6]

이 같은 추정이 나왔는데도 야당이 브레이크를 걸지 않는다면 직무유기입니다. 다만 야당도 반성해야 합니다. 이명박, 박근혜 정부 시절 여당이었던 자유한국당은 4대강에, 자원외교에, 추경에 돈을 퍼부어도 가로막지 않았습니다. 재정은 분명 경제 이슈지만 동시에 명백한 정치 이슈기도 합니다. 이는 한국만 그런 것이 아닙니다. 미국도, 독일도, 일본도 다 똑같습니다.

"이제는
써야 한다"

누군가 돈을 써야 한다면?

"우리는 (연금개혁을) 해야만 한다. 그것은 우리에게 심리적 고통을 안겨줄 것이며 국민에게…."

2011년 12월 4일(현지시간), 엘사 포르네로 이탈리아 복지장관은 끝내 눈물을 보이며 말을 잇지 못했습니다. 포르네로 장관이 잇지 못한 단어는 '희생sacrifice'이었습니다.

당시 재정위기에 몰려 있던 이탈리아는 EU의 지원을 받기 위해 200억 유로의 재정긴축을 담은 경기대책안을 공개했습니다. 여기에는 연금수령 시작 연령을 66세로 늦추는 연금개혁안도 포함되었습니다. 포르네로 장관의 눈물은 전 세계 미디어의 주목을 받았습니다. 한국 언론들도 1면에 게재한 곳이 많았습니다.

경제는 '정부-기업-개인' 이렇게 3개의 주체로 이루어져 있습니다. 생산의 결과인 돈을 소유하는 주체도 '정부-기업-개인'입니다. 그런데 돈은 '정부-기업-개인' 이 3개의 주체에게 똑같이 분배되지 않습니다. 때로는 정부가, 때로는 기업이, 때로는 개인이 더 많이 가지는 경우가 생길 수 있습니다. 정부는 부자인데 개인이 가난하거나, 기업은 부자인데 정부가 가난한 상황이 벌어지는 이유입니다.

정부가 재정으로 지출하는 돈은 개인과 기업에게 돌아갑니다. 돈이 증발하지 않는 한 정부가 쓴 돈은 기업 혹은 개인의 주머니에 들어가 있습니다. 정부에 빚이 많다면 그만큼의 돈이 개인과 기업에게 이전된 것이라고 보면 됩니다.

정부가 지출을 줄인다는 이야기는 결국 개인이나 기업에 대한 지원을 줄인다는 말과 같습니다. 정부의 재정은 탄탄해지겠지만 개인과 기업의 주머니는 쪼그라들 수 있습니다. GDP 대비 국가부채가 많은 나라를 마냥 비난하기 힘든 이유입니다. 왕이 자신의 부귀영화를 위해 국고를 탕진한 게 아니라면 국가부채가 많은 나라는 그만큼 많은 돈을 국민에게 썼다는 반증도 됩니다.

포르네로 장관의 눈물은 한국정부에서도 이슈가 되었습니다. 때마침 유럽출장을 다녀왔던 김석동 금융위원장은 사석에서 "포르네로 장관의 눈물을 보면서 참 많은 생각을 했다"라고 말하며, "지금까지 관료로서 했던 여러 정책들이 과연 최선이었던가를 따져보게 되는 계기가 되었다"라고 언급했습니다. 김 위원장은 1997년 외환위기 당시 국제수지와 외화수급, 외환보유액, 환율 등을 총괄하는 재정경제부 외화자금과장이었습니다.

그는 "당시에도 그렇고 지금도 그렇고 긴축을 통해 빠르게 부채를 갚아나가면서 재정건전성을 최우선적으로 회복시킨 것에 대해서는 후회가 없다"면서 "다만 그때는 우리(관료)가 잘해서 위기를 탈출했다고 생각했지만 지금 생각해보면 국민들에게 희생을 요구해 이룬 것으로 자랑할 만한 것이 아니다"라고 말했습니다.

포르네로 장관의 눈물

한국은 OECD 국가 중 정부지출이 매우 적은 나라입니다. OECD 통계를 보면 한국의 GDP 대비 일반정부 총지출은 2015년 기준으로 32.3%에 불과합니다.[7] 선진국들은 대개 GDP의 40% 내외를 씁니다. 만약 한국의 지출을 GDP 대비 40%까지 끌어올리려면 지금보다 GDP의 8%포인트가량 지출을 늘려야 합니다. GDP를 1,500조 원이라 감안한다면 120조 원을 더 써야 한다는 말입니다. 그러니까 한국의 예산이 400조 원(2017년 기준)이 아닌 520조 원 정도는 되어야 선진국 평균에 다다르는 것입니다. 한국은 그만

국민총소득(GNI) 대비 제도부문별 소득비중 추이

(단위: %)

	기업	정부	가계
1980	14.0	13.9	72.1
1990	17.0	13.0	70.1
2000	17.6	14.5	67.9
2005	21.3	13.8	64.8
2010	25.7	13.9	60.4
2011	25.8	13.7	60.5
2012	25.8	13.4	60.8
2013	25.2	13.3	61.5
2014	24.8	13.1	62.1
2015	24.6	13.4	62.0

※기업은 비금융법인과 금융법인을 포함.

자료: 한국은행

큼 돈을 쓰지 않는 국가입니다. 따라서 국민들에게 돌아가는 혜택
도 그만큼 적습니다.

거시경제 측면에서 보면 정부가 돈을 써야 하는 이유가 있습니
다. 외환위기 당시 막대한 부채로 위기에 몰렸던 기업들이 '저축
왕'으로 돌변하면서 가계소득이 날로 줄어들고 있기 때문입니다.
한국은행의 '가계의 GNI(국민총소득) 대비 소득비중'을 보면 기업
은 1990년 17.0%에서 2005년 21.3%, 2015년 24.6%로 비중이 갈
수록 늘어나고 있습니다. 반면 가계는 1990년 70.1%에서 2005년

64.8%, 2015년 62.0%로 비중이 매년 줄어들었습니다. 시간이 갈수록 기업들의 주머니는 넉넉해졌고, 가계의 주머니는 쪼그라든 것입니다. 쪼그라든 가계의 주머니를 채우려면 정부가 기업으로부터 세금을 걷어 가계로 옮기는 길 외에는 없습니다. 그것이 조세수입과 정부지출입니다.

그래서인지 OECD와 IMF 등 주요 기구는 틈만 나면 한국정부에 돈을 좀 쓰라고 재촉합니다. 2017년 한국정부와 IMF 간 연례협의도 같은 맥락이었습니다.

IMF는 "한국정부의 재정정책은 더욱 확장적인 기조를 보일 필요가 있다"며 "한국은 단기 및 중기적으로 통합재정수지 균형을 달성할 수 있는 충분한 재정여력을 보유하고 있다"라고 말했습니다. 통합재정수지란 정부의 전체 수입에서 지출을 뺀 것을 말합니다. 문재인 정부는 2021년까지 연간 10조 원 규모의 통합재정수지 흑자를 예상하고 있습니다. 구체적으로 IMF는 "한국정부는 '통합재정수지' 흑자 규모를 매년 GDP 대비 0.5%포인트 정도 줄일 필요가 있다"라고 밝혔습니다. GDP의 0.5%포인트면 8조 원가량 됩니다.

IMF는 이 돈을 "가장 취약한 계층에 대한 맞춤형 지원과 보육관련 지출, 적극적인 노동시장 정책 등의 지출 확대에 중점을 두어야 한다"라고 권고했습니다. 통합재정수지를 흑자로 만들지 말고 이 돈을 다 써버리라는 의미입니다. 예를 들어 0~5세의 모든 아동에게 월 10만 원씩 주는 아동수당은 3조 원짜리 사업입니다.

단순히 계산했을 때 8조 원을 더 쓰면 0~5세 아동들에게 월 26만 원씩 주거나 0~10세까지 아동수당을 확대할 수 있습니다. 아동수당을 주면 가계소득이 늘어나고, 양육에 대한 부담이 줄어 저출산을 완화하는 데 도움이 됩니다.

라가르드 총재, "한국은 집단자살 사회"

"재정을 현명하게 쓰면 약이 될 수 있다"는 IMF의 철학은 크리스틴 라가르드 총재의 생각과 같습니다. 2017년 9월 한국을 방문했던 라가르드 총재는 "한국의 삶이 어렵다"는 이화여자대학교 학생들의 하소연을 들은 뒤 "한국은 집단자살 사회"라고 한탄했습니다.[8] 그는 "결혼을 안 하고 출산율이 떨어지면 성장률과 생산성이 떨어지게 되어 있고, 그렇게 되면 재정이 악화된다"라고 말했습니다. 그러면서 "이런 악순환의 고리가 바로 집단적 자살현상이 아니겠느냐. 이게 한국의 문제"라고 지적했습니다.

이에 더불어 "젊은 여성들이 아이를 낳지 않고 일본보다 경제성장률이 더 낮아질 경우 나중에 돈이 더 많이 들어간다"라며 "한국은 재정을 현명하고 유용하게 써서 미래의 사회안전망을 미리 구축해야 한다"라고 말했다. 재정지출을 '퍼주기'로 생각하는 한국의 일부 정서와는 확실히 간극이 있는 발언입니다.

OECD도 2017년 경제전망보고서를 통해 재정의 역할을 강조했습니다. OECD는 "(한국의) 낮은 수준의 정부부채와 지속적인 재정흑자 등을 고려할 때 추경 등 적극적인 재정정책 추진이 필요하다"라며 "실업급여(확대)와 적극적 노동시장 정책 등을 통해 구조조정 과정에서 영향을 받은 노동자의 새로운 일자리로의 전직 지원을 강화해야 한다"라고 말했습니다. 정부가 실직자에게 주는 실업급여를 늘려 생활을 안정시켜준 뒤 기업들이 고용과 해고가 쉽도록 해줘야 일자리가 늘어난다는 의미입니다. 퇴직 후 사회안전망이 부족한 상태에서 '쉬운 해고'는 노동자들을 벼랑 끝으로 몰 수밖에 없습니다. 그리고 낭떠러지에서 떨어지지 않으려는 노동자들은 강하게 저항하기 마련입니다.

그렇다면 한국의 재정여력(돈을 쓸 수 있는 여력)은 얼마나 될까요? 사실 한 나라의 재정여력이 얼마나 될 것인지를 따지기는 쉽지 않습니다. 국가부채 비율이 일정 수준을 넘어서면 안 된다는 경험준칙은 있지만 그 부채 비율이 얼마라고 못박기는 쉽지 않습니다. 일본은 국가부채 비율이 200%가 넘어도 문제가 없지만 스페인은 80%를 넘으면서 국가채무불이행 위기에 빠졌습니다.[9] 나라마다 경제체력과 경제적 상황이 다르기 때문입니다. "국가부채 비율의 마지노선이 있을까?"라고 묻는 재정관료들도 많습니다.

재정건전성을 따질 때는 국가부채만 볼 것이 아니라 국가의 자산도 함께 고려해야 한다는 지적도 있습니다. 빚이 5백만 원이면

재정여력 규모의 국가부채 증가에 따른 노동소득세율 및 주요 거시변수의 변화

국가부채 충격 규모 (GDP 대비)	노동소득세율 필요 인상분	세율 인상에 따른 거시경제변수의 변화					
		소비		총생산		투자	
		1년 후	장기	1년 후	장기	1년 후	장기
225%	25.0%p	-22.6%	-29.6%	-19.9%	-23.2%	-25.0%	-23.2%

자료: KDI, 이태석·허진욱 연구위원, 〈재정여력에 대한 평가와 국가부채 관리노력 점검〉

서 자산이 없는 사람과 빚이 1천만 원이지만 자산이 2천만 원인 사람, 둘 중 누가 더 건전할까요? 당연히 후자입니다. 한국의 GDP 대비 순부채 비율은 -35%에 달합니다. 한국은 순채권국이기도 합니다. 리쯔메이칸 대학교 이강국 교수는 "물론 국가의 자산이 재정건전성에 그대로 도움이 될 수 있는가는 좀 다른 문제일 수도 있다"라고 말했습니다.[10]

　IMF는 이러저러한 것들을 따져봤을 때 한국경제는 2010년 기준 국가부채가 GDP의 203%가량에 이르러도 문제가 없다고 분석했습니다. 국제신용평가사인 무디스는 2014년 기준 한국의 재정여력을 국가채무 GDP의 241%로 봤습니다. KDI의 분석도 비슷합니다. KDI가 현재의 경제성장률과 재정지출 구조를 전제로 추계해보니 한국의 재정여력은 현재 GDP의 225%로 추정되었습니다. 단 국가부채가 GDP 대비 225% 수준이 되면 지속가능한 재정을 위해서 노동소득세율을 25%포인트 인상해야 할 것으로 추정되었습니다. 세율인상에 따라 총생산과 소비, 그리고 투자는 20% 이상 감소할 것으로 추정했습니다. 또 일본이 겪고 있는 것처럼 국가부채의 이자비용도 눈덩이처럼 늘어날 것입니다. 매년 조세수입의 24%는 이자를 갚는 데 써야 할 것으로 전망했습니다.

이렇게 되면 재정으로 할 수 있는 일이 크게 줄어듭니다. 종합하면 GDP의 225%까지 돈을 쓸 수는 있지만 이때는 세금도 많이 내야 하고 정부의 힘도 크게 줄어든다는 의미입니다.[11]

IMF, 무디스, KDI의 전망이 맞다면 국가부채가 GDP 대비 39.6%에 불과한 한국은 아직 여지가 많은 셈입니다. 정부는 2060년 한국의 GDP 대비 국가채무 비율이 62%에 그칠 것으로 전망했습니다(2060년 장기재정전망). 국회예산정책처는 152%가 된다고 봤습니다. 성장률은 얼마나 되며 총수입은 얼마나 증가할지 등은 가정에 따라 전망 결과가 크게 차이가 납니다.

공통적인 것은 정부든 국회예산정책처든 한국의 GDP 대비 국가채무가 2060년까지 200%를 넘지 않을 것으로 본다는 측면에서 어느 정도 재정여력은 있는 것으로 평가됩니다.

가계부채는 맷집이 없다

정부가 돈을 쓰면 가계부채를 줄이는 데 기여할 수 있습니다. 외환위기 이후 기업은 빚을 대폭 줄이고 유보금을 늘렸습니다. 정부도 빚을 최대한 억제했습니다. 두 주체의 재정건전성은 튼튼해 졌습니다. 하지만 기업과 정부가 보유한 돈들이 가계로 흘러들어 가지 않으면서 가계빚이 대폭 증가해버렸습니다. 정부는 심지어 경기부양까지도 가계에 미뤘습니다. 소득이 크게 증가하지 않았 던 가계는 빚을 낸 돈을 썼습니다.

2003년 카드채 사태는 정부가 내수경기를 살리기 위해 가계에 카드소비를 유도하면서 촉발되었습니다. 2014년 박근혜 정부의 최경환 경제팀이 주도한 부동산과 부양정책은 '빚내서 집 사라'였 습니다. 정부가 별도의 자금을 투입하지 않고, 가계가 은행대출을 통해 마련한 돈으로 집을 사면서 부동산과 건축 경기를 살렸습니 다. 정부로서는 손대지 않고 코를 푼 셈이 되었습니다.

한국은행의 가계부채 증가액 자료를 보면 2007~2014년 연평균 60조 원씩 증가하던 가계신용증가액이 2015~2016년은 연평균 129조 원이 증가했습니다.[12] 증가 속도가 무려 2배입니다. 2014년 최경환 경제팀의 부동산 부양정책이 얼마나 대단했었는지 알 수 있는 대목입니다. 박근혜 대통령의 최고 실세로 '왕실장'이라 불 리던 최 부총리 겸 기획재정부 장관은 "지금 부동산은 한겨울에 여름옷을 입는 것과 같다"며 취임과 함께 대출규제를 대폭 풀었 습니다. 그는 '집값이 오르면 자산가치가 올라 경제주체의 기분이 좋고, 그러면 경제가 잘된다'는 신념을 가진 인물이었습니다.

한국의 가계부채 비중은 OECD 국가 중에서도 상위권에 올라

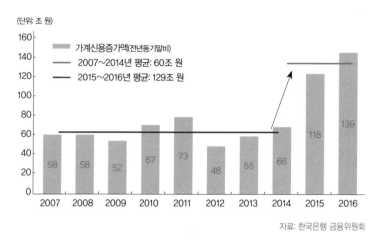

가계부채 증가액

(단위: 조 원)

가계신용증가액(전년동기말비)
2007~2014년 평균: 60조 원
2015~2016년 평균: 129조 원

자료: 한국은행 금융위원회

있습니다. 가처분 소득대비 가계부채 비율(2016년 기준)은 70%로 OECD 국가 중 9번째로 높습니다. GDP 대비 가계부채 비율은 70%로 OECD 국가 중 7번째입니다. 덴마크, 네덜란드, 노르웨이, 스웨덴 등은 한국보다 GDP 대비 가계부채 비중이 높습니다. 하지만 이들은 연금제도가 잘 되어 있다는 점을 고려해야 합니다. 연금을 통해 일정 부분 소득이 보장되는 북유럽국가들이라면 가계가 고령으로 접어들더라도 가계빚을 갚을 수 있습니다. 하지만 사회보장정책이 얇디얇은 한국에서는 고령자가 가계부채를 갚는 것이 쉽지 않습니다.

빚도 맷집이 있습니다. 정부는 부채를 졌을 때 버틸 수 있는 힘이 가장 큰 경제주체입니다. 다음으로 기업의 맷집이 셉니다. 가

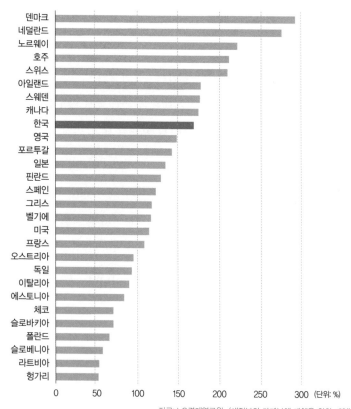

가계 가처분소득 대비 가계부채 비율(2015년 말 기준)

덴마크	
네덜란드	
노르웨이	
호주	
스위스	
아일랜드	
스웨덴	
캐나다	
한국	
영국	
포르투갈	
일본	
핀란드	
스페인	
그리스	
벨기에	
미국	
프랑스	
오스트리아	
독일	
이탈리아	
에스토니아	
체코	
슬로바키아	
폴란드	
슬로베니아	
라트비아	
헝가리	

0   50   100   150   200   250   300 (단위: %)

자료: LG경제연구원, 〈새정부의 가계부채 대책을 위한 제언〉

계는 빚에 가장 취약한 경제주체입니다. 은행이 돈을 갚으라고 할

때 갚지 못하면 곧바로 차압이 들어옵니다. 가계는 은행의 요구에

버틸 힘도 없고, 손을 벌릴 다른 조직도 없습니다.

　박근혜 정부 후반부터 가계빚에 대해 두려워했던 이유가 바로

이 때문입니다. 자칫 잘못하면 한 방에 '빵' 터져버릴 수 있었기 때문입니다. 정부와 기업이 아무리 튼튼해도 가계가 무너져 내리면 경제는 지속될 수 없습니다.

가계의 빚 리스크를 줄이는 방법은 2가지입니다. 하나는 가계빚의 규모를 줄이는 것입니다. 가계대출이 확대되지 않도록 금리를 올리거나 대출을 깐깐하게 해주면서 가계가 빚을 갚게 만들면 됩니다.

다른 하나는 가계소득을 대폭 증대시켜주는 것입니다. 가계대출은 옥죄지 않되 근로소득을 높여주거나 이전소득(연금이나 보육료, 육아수당, 기초연금 등을 통한 재정지원)을 더 높이면 됩니다. 이전소득 증가의 다른 이름이 재정지출 확대입니다. 재정지출 확대의 다른 이름이 정부부채 증가입니다.

그러니까 정부 주머니에서 돈을 꺼내 홀쭉해진 가계의 주머니를 채워주라는 이야기입니다. 그러면 가계가 물건을 구입하고 음식을 사 먹어 내수가 살아나고, 내수가 살아나면 생산도 증가해 경제가 활기를 띨 수 있습니다. 이것이 '소득주도성장론자'들의 주장입니다.

소득주도성장은 큰정부와 많은 정부지출을 전제로 합니다. 한국의 주류경제학계에서는 "소득주도성장은 이론일 뿐"이라며 그 의미를 축소합니다. 하지만 국제사회의 흐름은 다릅니다. 소득주도 성장은 ILO 국제노동기구 등이 제시한 임금주도 성장과 개념이 비

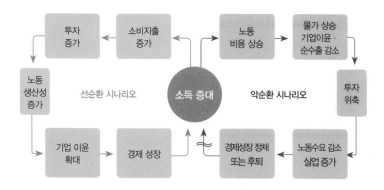

소득주도성장론의 선순환·악순환 시나리오

자료: 주요 정책 세미나 자료 등을 바탕으로 국회예산정책처 재작성

숫합니다. ILO는 노동소득이 늘어날 때 성장률이 높아지는 경제체
제를 임금주도성장, 자본소득이 늘어날 때 성장률이 높아지는 체
제를 이윤주도성장으로 구분했습니다. ILO는 임금주도성장을 이
윤주도성장의 대안 모델로 제시했습니다.

금융위기 이후 주요국들은 소득정체가 경제성장률의 발목을 잡
는다고 보고 적극적으로 가계소득을 진작시키려는 정책을 펴고
있습니다. 아베노믹스나 트럼프노믹스도 결국은 가계소득을 높이
려는 노력입니다. 미국 연방준비제도는 2017년을 기점으로 양적
완화(돈을 푸는 것)를 중단하고 테이퍼링(tapering, 풀었던 돈을 거두
어들이는 것)에 들어갔습니다. '부채주도성장은 끝났다'라는 이야
기입니다. 더이상 부채로 돈을 풀지 못한다면 남은 것은 재정밖에
없습니다.

관리재정수지냐, 통합재정수지냐

2가지 재정수지

재정수지란 정부의 수입에서 지출을 뺀 것을 말합니다. 재정수지에는 2가지가 있습니다. 하나는 통합재정수지입니다. 통합재정수지란 단어 그대로 정부의 모든 수입에서 지출을 뺀 것을 뜻합니다. 다른 하나는 관리재정수지입니다. 관리재정수지는 정부의 수입과 지출에서 사회보장성기금 수지를 제외한 것을 말합니다. 사회보장성기금은 국민연금, 사학연금, 고용보험, 산재보험, 공무원연금, 군인연금입니다. 그러므로 통합재정수지에서 사회보장성기금을 뺀 것이 관리재정수지라고 보면 됩니다.

국제기구는 특정국가의 재무구조를 볼 때 '통합재정수지'를 주로 씁니다. 연금도 엄연히 정부재정의 한 축을 담당하기 때문입니다. 하지만 한국은 관리재정수지를 주로 봅니다. 한국은 사회보장성기금을 포함시키면 숫자 왜곡이 있을 수 있다고 봅니다. 한국은 사회보장제도가 시행된 역사가 짧아 연금을 타는 사람보다 연금을 내는 사람이 많습니다.

통합재정수지 = 관리재정수지 + 사회보장성기금(국민연금, 사학연금 등)

하지만 2031년 인구정점을 찍고 난 뒤부터는 들어오는 연금보다 나가는 연금이 훨씬 많아집니다. 연금은 어차피 나갈 돈이라서 수입이라고 보기 어렵다는 게 한국정부의 판단입니다. 처음부터 '없는 돈'이라 생각하고 계산을 하지 않는 게 합리적이라는 것입니다.

문제는 통합재정수지와 관리재정수지 사이에 격차가 크다는 점입니다. 대략 40조 원 가까이 차이가 납니다. 이 때문에 통합재정수지는 '흑자', 관리재정수지는 '적자'가 됩니다. 2017년 기준 통합재정수지는 13조 7천억 원 흑자입니다. GDP 대비로는 0.8% 흑자입니다.

반면 관리재정수지는 28조 3천억 원 적자입니다. GDP 대비 1.7% 적자입니다. 이 40조 원의 차이는 사실상 국민연금 수지 때

2017년 재정수지 전망

- 통합재정수지: 흑자 13.8조 원(GDP 대비 0.8%)
- 관리재정수지: 적자 28.3조 원(GDP 대비 -1.7%)

(단위: %, 조 원)

구분	2010	2011	2012	2013	2014	2015	2016	2017
통합재정수지(A)	16.7	18.6	18.5	14.2	8.5	-0.2	2.5	13.8
(GDP 대비 %)	(1.3)	(1.4)	(1.3)	(1.0)	(0.6)	(0.0)	(0.2)	(0.8)
사회보장성기금 수지(B)	29.7	32.1	35.9	35.3	38.0	37.8	41.5	42.1
관리재정수지(C=A-B)	-13.0	-13.5	-17.4	-21.1	-29.5	-38.0	-39.0	-28.3
(GDP 대비 %)	(-1.1)	(-1.1)	(-1.3)	(-1.5)	(-2.0)	(-2.4)	(-2.4)	(-1.7)

※2010~2015년 결산 기준, 2016년 이후 예산(추경) 기준

자료: 기획재정부

문입니다. 국민연금은 매년 40조 원씩 순적립됩니다. 1988년 시행된 국민연금은 30년을 불입한 첫 연금소득자가 2018년에 나왔습니다. 국민연금 수지가 없었다면 재정은 적자일 수밖에 없습니다. 관리재정수지는 2000년대 들어 2002년, 2003년, 2007년을 제외하고는 모두 적자를 기록했습니다.

여기에서 재정운용에 대한 시각에 차이가 생깁니다. IMF와 OECD 등의 국제기구는 한국 재정이 흑자니 돈을 쓰라는 것이고, 한국정부는 재정이 이미 적자니 쓸 수 없다라고 주장합니다. 국제기구 입장에서 한국은 대단한 짠돌이입니다. 돈을 은행에 넣어놓고 도통 꺼내 쓰지 않는 '저축왕'과 같습니다. 국제기구는 재정이 넉넉할 때 꺼내 써 경기를 부양하고 사회안전망을 갖추어 노동시

장을 개혁하라고 주문합니다.

하지만 한국정부도 한국정부대로 할 말이 있습니다. IMF 권고대로 재정을 썼다가 재정에 구멍이라도 나면 IMF가 책임을 져주겠느냐는 것입니다. 돈을 꺼내서 썼지만 생각보다 경제성장이 잘 안 되고 사회안전망을 갖추는 데도 실패한다면 한국은 더이상 기댈 곳이 없습니다.

"비 올 때 IMF가 우산을 받쳐주겠느냐. 조언하기는 쉬워도 우리가 그대로 따라 하기는 힘들다. IMF는 책임을 지지 않는다"라고 말한 재정관료의 말에 한국정부의 고민이 녹아 있습니다.

외환위기에 호되게 당했던 한국은
지난 30년간 안전판을 쌓는 데 주력했습니다.
2018년 7월 기준 외환보유액은
4천 억 달러를 넘어섰습니다.
이제 경제에 활력을 불어넣기 위해
돈을 좀 꺼내 써도 되는 것일까요?

금융위기 이후 집으로 돈 버는 시대는 끝났다고 생각했습니다. 저성장에 인구감소 때문에 집값을 끌어올릴 수 없다고 봤습니다. 하지만 지나보니 2012년이 집값의 바닥이었습니다. 2014년 최경환 경제팀이 부동산 부양책을 들고 나오면서 돈줄을 푸니 부동산 가격이 급상승하기 시작했습니다. 부산과 대구 등 지방에서 되살아난 열기는 이내 서울과 수도권으로 확산됐습니다. 2018년에도 집값은 가파르게 상승했습니다. 다시 부동산 불패신화라는 말이 나옵니다. 증가하는 1인가구, 시중의 높은 유동성, '똑똑한 한 채'에 대한 욕구 등은 서울의 집값을 언제든 뛰게 할 수 있다는 주장이 많습니다. 주요 도시에 비해서 아직 서울의 집값은 높지 않다는 분석도 있습니다.

반면 과도하게 뛴 집값과 차오를 대로 차올라버린 가계부채 때문에 부동산이 상승할 여력이 많지 않다는 회의론도 만만치 않습니다. 만약 금융위기와 같은 외부충격이 가해지면 집값 하락의 고통이 커질 수 있습니다. 향후 부동산은 충신이 될까요, 배신자가 될까요?

3장

거침없는 한국의
부동산시장은
흥할까, 망할까?

"한국의 부동산 가격은 절대 떨어지지 않을 것"
vs.
"이미 버블이니 언젠가는 떨어질 것"

부동산, 세상에서 가장 손쉬운 재테크

혹자는 말했습니다. 부동산이 세상에서 가장 쉬운 재테크라고. 무슨 말인가 했더니 다른 투자상품들은 상품구조가 복잡해 공부를 많이 해야 하고, 그래서 가방끈도 길어야 하는데 부동산은 그렇지 않다는 것입니다. 확실히 선물, 옵션, 외환, 채권 등은 전문가가 아니면 다루기 어렵습니다.

하지만 부동산투자는 대학과 대학원을 나왔다고 잘하는 게 아닙니다. 주변에서 초등학교나 중학교 학력을 가지고도 투자에 성공한(?) 사람들을 흔히 볼 수 있습니다. 적극적인 투자를 하지 않았지만 돈을 번 사람들도 있습니다. 별 생각 없이 땅을 사두었는

데, 개발이 이루어져 땅값이 많이 오른 경우입니다.

경매나 공매도 마찬가지입니다. 그다지 고학력을 필요로 하지 않습니다. 부단한 발품과 직관력이 더 중요할 수 있습니다. 이 같은 현상을 경제학적으로 '부동산은 진입장벽이 낮다'고 말할 수 있습니다. 상식과 투자 감각만 있다면 누구나 들어와서 게임을 할 수 있습니다.

부동산은 특성상 진입장벽을 높일 수 없습니다. 의식주의 하나인 주거의 진입장벽이 높아서는 안 되기 때문입니다. 부동산은 다른 투자상품과 달리 모두가 관심을 갖는 분야입니다. 주식은 내가 투자를 하지 않으면 그만이지만 부동산은 내가 개입을 하지 않더라도 내 삶에 깊은 영향을 줍니다. 집 없이 살 수가 없기 때문입니다. 그러니 아무리 싫어도 부동산은 들여다봐야 하는 투자상품입니다. 한국사회 술자리에서 빠질 수 없는 2가지 주제를 꼽으라면 단연 '정치'와 '부동산'일 것입니다.

부동산은 '불패신화'를 이어가고 있습니다. 외환위기와 금융위기를 전후해 침체기가 있었지만 시간을 두고 보면 결국 상승했습니다. 최근의 상승기는 2014년 이후입니다. 박근혜 정부의 2기 경제부총리였던 최경환 부총리 겸 기획재정부 장관은 저성장 및 경기침체의 탈출구로 부동산을 택했습니다. "한여름에 입을 옷을 한겨울에 입고 있는 셈이다." 부총리 후보지명 직후 찾아간 기자들에게 이렇게 일갈했던 최 전 부총리는 취임과 함께 대대적인 부동산 규제완화를 시도했습니다. 그는 성장론자였습니다. "우리 경제가 과거처럼 6~8% 성장은 못 하겠지만 상당한 다이내믹스로 5~10년은 가져가야 고령화 시대를 맞을 수 있다"는 신념을 갖고 있었습니다.[1]

그는 성장을 위해서는 부동산 부양이 필요하다고 생각했습니다. 집값이 오르면 부동산 거래가 많아지고 그러면 건설사들이 집을 많이 짓게 되어 건설경기가 좋아집니다. 자연스럽게 사람들이 이사도 많이 가게 되고 이사를 가게 되면 소비도 늘어납니다. 새집에 들어가는 김에 인테리어를 새로 하고, 가구를 바꾸고, 가전제품을 교체하는 사람들이 많기 때문입니다. 집값이 오르면 자신이 가진 자산가치가 오른 것 같은 '부의 효과'도 발생합니다. 이래저

주택담보대출금리가 지속해서 하락한 점이 가계대출 증가의 주요 요인

자료: 하이투자증권, 〈6·19 부동산 대책 그리고 서프라이즈는 없었다〉

래 씀씀이가 늘어나면서 내수가 진작되고 경기가 좋아집니다. 이 모든 것이 GDP에 반영되면 성장률이 높아집니다.

한국은 땅뿐만 아니라 시장규모도 작습니다. 그렇기 때문에 정부의 정책이 시장에 미치는 영향도 큽니다. 정부가 완화를 택하면 집값이 어김없이 올랐고, 규제를 택하면 집값이 반드시 잡혔습니다. 정부의 정책이 언제부터 시장에 영향을 줄 것인지의 문제일 뿐 확실히 정책적 효과는 있다는 것입니다.

2014년 하반기에도 그랬습니다. 최경환 경제팀이 주택담보대출비율LTV과 총부채상환비율DTI을 차례로 완화하자 시장이 꿈틀대기 시작했습니다. 때마침 한국은행은 금리를 인하했습니다. 최 부총리는 이주열 한국은행 총재와 만난 직후 "척하면 척 아니냐"라고 하면서 금리인하를 시사했습니다.

한국은행이 기재부 정책기조를 따랐을 수 있다는 의미여서 논란이 되었습니다. 금리를 인하하면 시중에 돈이 풀리고, 이 돈들은 자산시장으로 향합니다. 주식시장이 풀린 돈을 흡수하지 못한다면 돈의 최종 종착지는 부동산이 될 가능성이 큽니다. 부산, 울산 등 저평가된 지역에서만 머물던 부동산 랠리가 2014년 이후 수도권으로 본격 확산되었습니다.

2017년 5월 문재인 정부가 출범하자 집값은 또 뛰었습니다. 시장은 문재인 정부에서 노무현 정부를 보았습니다. 노무현 정부는 10년 전 부동산폭등을 잡지 못했습니다. 사람들은 문재인 정부도 집값을 잡지 못할 것이라 믿었습니다. 문재인 정부는 8·2 부동산 대책과 11·24 가계부채 대책을 잇달아 내놨습니다. 서울 집값은 이미 2014년 이후 탄력을 받고 있었고, 2017년 6월 역대 최고점을 돌파했습니다. 지방도 마찬가지였습니다. 부산도 역대 최고점을 뚫었습니다.[2]

부동산은 버블일까요, 아니면 정상일까요. 10년 만에 찾아온 거친 상승을 겪고 난 뒤 시장에서는 또다시 전통적인 논쟁이 벌어졌습니다. 2014~2017년 3년간 가격이 충분히 상승한 데다 2017년 이후 생산가능인구(15~64세)가 줄어드는 만큼 당분간 부동산 가격 상승은 어려울 것이라는 전망이 있습니다. 반면 뉴욕, 베이징, 도쿄 등 주요도시들과 비교해보면 서울 집값은 여전히 낮으며 서울의 희소성이 커 쉽게 떨어지지 않을 것이라는 반박도 많습니다. '똑똑한 한 채'의 가치가 여전히 높다는 뜻입니다.

"집값,
더 상승한다"

믿어라, 부동산 불패신화

2008년부터 글로벌 금융위기로 집값이 하락하자 다시는 집값이 오르지 않을 것이라는 비관론이 득세했습니다. 집값이 오를 이유는 없었습니다. 경제는 저성장의 늪에 빠졌고, 저출산으로 인해 2017년부터 생산가능인구 감소가 예고되었습니다. 부동산시장으로의 자금 유입이 더디고, 집에 대한 수요가 줄어드는 상황에서 부동산시장의 호황을 기대하기는 어려웠습니다. 노무현 정부 때의 활황은 다시 오지 못할 꿈같았습니다. 2008년 글로벌 금융위기 이후 2013년까지 6~7년간 긴 빙하기를 거치면서 부동산 붕괴론은 한국사회의 전반적인 컨센서스(동의)를 이루었습니다.

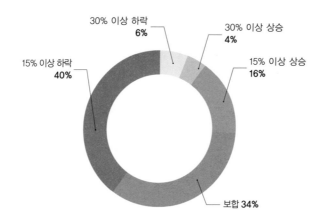

5년 후(2017년 말) 집값(아파트) 전망은?

30% 이상 하락
6%

30% 이상 상승
4%

15% 이상 하락
40%

15% 이상 상승
16%

보합 **34%**

자료: 〈머니위크〉

    부동산 전문가들의 생각도 다르지 않았습니다. 2012년 〈머니위크〉가 창간 5주년을 맞아 실시했던 설문조사를 봅시다. 〈머니위크〉는 금융권 전문가 100명을 대상으로 5년 뒤인 2017년 말 집값이 어떨 것인지를 물었습니다. 10명 중 4명은 '15% 이상 하락할 것'이라고 점쳤습니다. 가장 많은 답변이었습니다. '30% 이상 하락할 것'이라는 응답도 6%나 되었습니다. 심지어 부동산에 투자하고 웃을 수 있을지 의문스럽다며 답변을 거부한 사람도 있었습니다.

    하락을 예상한 사람들은 인구구조적인 문제를 들었습니다. 1인 가구가 증가하고, 베이비부머들의 은퇴가 본격화되면서 중·대형 아파트 수요가 감소하고, 전반적으로 아파트 가격이 떨어질 수밖

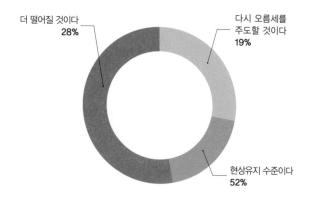

5년 뒤 강남(강남3구) 부동산 경기는?

더 떨어질 것이다
28%

다시 오름세를
주도할 것이다
19%

현상유지 수준이다
52%

자료: 〈머니위크〉

에 없다는 것이었습니다. 소형아파트 수요는 늘겠지만 이것만으로는 하락하는 대세를 막기 어렵다고 보았습니다. 또 소득이 크게 늘지 않아 실질적인 구매력 상승도 더딘 데다 주택을 점점 주거 목적으로 인식하는 경향도 늘어나 집값이 오를 것으로 기대하기 힘들다는 친절하면서도 합리적인(?) 설명을 덧붙였습니다.

부동산 가격이 제자리걸음을 한다는 '보합'을 예상한 답변도 34%나 되었습니다. 가격이 내리진 않겠으나 그렇다고 오를 일도 없다는 것입니다. 내리거나 보합을 답한 응답자를 합치면 10명 중 8명에 달합니다. '15% 이상 가격이 상승할 것'이라고 답한 사람은 16%였습니다. '30% 이상 상승할 것'으로 예측한 전문가는 단 4% 뿐이었습니다.[3]

5년이 지난 2017년, 누가 맞았을까요? 정답은 '30% 이상 상승'

이었습니다. 단 '4%의 전문가'만이 제대로 예측했던 것입니다.

미래에셋대우 보고서를 보겠습니다. 서울시 강남구 개포동 대치2단지는 2013년 평균거래 가격이 3.3m²당 2,938만 원이었지만 2017년 거래 가격은 5,710만 원으로 94%가 올랐습니다. 서울시 서초구 잠원동의 신반포2는 같은 기간 3,155만 원에서 5,390만 원으로 71%가 올랐습니다. 서울시 강남 3구에서는 3.3m²당 5천만 원을 돌파한 아파트들이 속출했습니다. 서울시 송파구 잠실동 주공아파트는 4,516만 원에서 6,210만 원으로 39%가 올랐습니다. 워낙 고가의 아파트라 상승률이 낮아 보여서 그렇지 m²당 1,700만 원 가까이 올랐습니다. 30평 형으로 환산하면 5억 원 이상 오른 셈입니다.

이 같은 폭등세는 강남 3구뿐만이 아닙니다. 상승률로만 보면 강북과 강서가 더 올랐습니다. 서울시 양천구 신정동 목동신시가지1은 '더블(1,876만 원 → 3,753만 원)'로 뛰었습니다. 서울시 노원구 상계동 상계주공14(고층)는 상승률이 82%(1,122만 원 → 2,045만 원), 서울시 강서구 방화동 방화그린은 77%(1,227만 원 → 2,166만 원), 서울시 도봉구 창동의 주공17단지는 68%(1,119만 원 → 1,885만 원)씩 올랐습니다. 그밖에 서울 동대문구 전농동 전농우성(71%), 서울 광진구 광장동 현대5단지(63%), 서울 용산구 서빙고동 신동아(60%) 등 상승률이 30%를 초과한 곳이 수두룩했습니다.[4]

알고 보니 2012년이 바닥

결과론적으로 말하자면 2012년 부동산 가격은 바닥이었습니다. 부동산버블에 대한 우려는 기우에 불과했습니다. 한국의 부동산 가격은 경제규모와 소득수준에 비해 결코 비싸지 않다고 주장하는 전문가들이 많습니다. 상승여력이 더 있다는 말입니다.

2010년 대비 2017년 한국의 실질주택 가격 상승률은 4.7%입니다. 홍콩, 말레이시아, 필리핀, 태국, 인도네시아 등 아시아 국가는 물론이고 캐나다, 미국, 노르웨이, 덴마크, 영국 등 서구 선진국보다도 낮은 수치입니다. 상승세가 가파른 나라는 북유럽국가들입니다. 이들은 글로벌 금융위기를 겪지 않아 상대적으로 체력이 튼튼한 국가입니다. 양적완화로 풀린 글로벌 유동자금이 북유럽 주택 가격을 밀어올렸습니다. 소득 대비 집값을 보면 2010년을 100으로 봤을 때 2017년 1분기 기준 한국은 86.4로 2010년 수준에 이르지 못했습니다.

교보증권 리서치센터가 조사한 31개국 중 25번째였습니다. 한국 뒤로는 그리스, 이탈리아, 스페인 등 금융위기 이후 재정위기를 맞았던 국가들이 주로 있었습니다. 그러니까 한국의 집값 회복은 재정위기로 국가부도 상태에 몰렸던 불량국가들과 비슷한 수준이라는 뜻입니다.[5]

상당한 가격 상승이 있었던 2016년에도 부동산버블에 대한 우

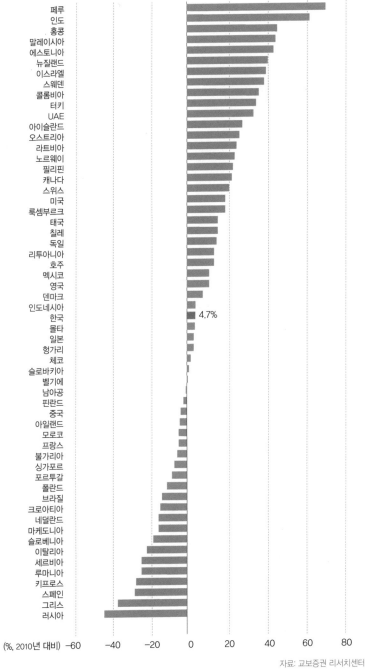

국가별 실질 주택가격 상승률

페루	
인도	
홍콩	
말레이시아	
에스토니아	
뉴질랜드	
이스라엘	
스웨덴	
콜롬비아	
터키	
UAE	
아이슬란드	
오스트리아	
라트비아	
노르웨이	
필리핀	
캐나다	
스위스	
미국	
룩셈부르크	
태국	
칠레	
독일	
리투아니아	
호주	
멕시코	
영국	
덴마크	
인도네시아	
한국	4.7%
몰타	
일본	
헝가리	
체코	
슬로바키아	
벨기에	
남아공	
핀란드	
중국	
아일랜드	
모로코	
프랑스	
불가리아	
싱가포르	
포르투갈	
폴란드	
브라질	
크로아티아	
네덜란드	
마케도니아	
슬로베니아	
이탈리아	
세르비아	
루마니아	
키프로스	
스페인	
그리스	
러시아	

(%, 2010년 대비) −60 −40 −20 0 20 40 60 80

자료: 교보증권 리서치센터

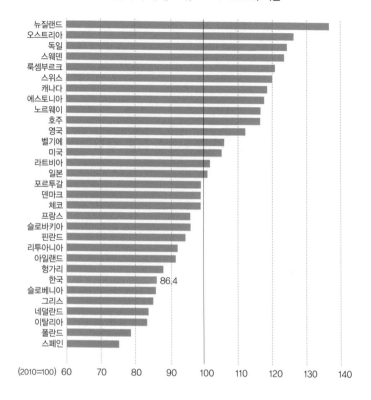

국가별 주택 가격/소득(Price to income) 비율

뉴질랜드
오스트리아
독일
스웨덴
룩셈부르크
스위스
캐나다
에스토니아
노르웨이
호주
영국
벨기에
미국
라트비아
일본
포르투갈
덴마크
체코
프랑스
슬로바키아
핀란드
리투아니아
아일랜드
헝가리
한국   86.4
슬로베니아
그리스
네덜란드
이탈리아
폴란드
스페인

(2010=100) 60   70   80   90   100   110   120   130   140

자료: 교보증권 리서치센터

려가 나왔습니다. 하지만 2017년은 그보다 더 뛰어버렸습니다. 그렇다면 앞으로도 더 뛰지 말라는 법이 없습니다. 국제적 기준으로 봐도 한국은 아직 가격이 낮아 충분히 상승여력이 있다는 것입니다. 2014년 이후 부동산 상승은 꺾였던 부동산 '불패신화'에 대한 기대심리를 되살렸습니다. 생산가능인구 감소와 고령화 등 인구

구조 변화와 지속적인 저상장으로 생성되었던 '집값은 하락할 수밖에 없을 것'이라는 체념이 '역시 부동산만 한 게 없다'는 기대감으로 반전되었습니다.

인구가 감소하면 진짜 집값이 떨어질까?

최근엔 인구구조 변화가 부동산시장에 결정적인 영향을 미치는 것은 아니라는 주장도 제기됩니다. 일본의 사례가 워낙 특이해서 그렇지 앞서 저출산·고령화를 겪은 유럽을 보면 꼭 그렇지만도 않더라는 것입니다. 집값은 집의 수요와 공급뿐 아니라 경제성장과 소득증가, 금리와 유동성, 심지어 투기심리까지 복합적으로 영향을 받는다는 것입니다.

다른 나라의 사례를 봅시다. 호주의 생산가능인구는 2000년대 중반부터 감소하고 있습니다. 하지만 집값의 상승세는 2000년대 이후 지속되고 있습니다. 이민자들이 유입되면서 총인구가 꾸준히 증가하고 있기 때문이라고 풀이할 수도 있습니다. 하지만 총인구에서 답을 찾기는 좀 힘들어 보입니다. 일본도 1990년대에 생산가능인구만 줄어들 뿐 총인구는 늘었습니다. 일본의 총인구감소는 2014년부터였습니다. 하지만 이때부터 일본의 집값은 상승하고 있습니다.

영국도 2000년대 중반부터 생산가능인구가 줄었지만 2013년 집값은 상승 반전했습니다. 미국과 캐나다도 2000년대 중반 이후 베이비붐 세대의 은퇴가 시작되었지만 2015년 이후에는 집값이 꾸준히 상승하고 있습니다. 이들보다 앞서 1980년대 중반부터 생산가능인구가 감소했던 프랑스도 1990년대 이후 주택시장이 상승했습니다. 생산가능인구가 감소하면 집값이 떨어진다던 『2018 인구절벽이 온다』의 저자 해리 덴트의 가설이 틀렸다는 이야기입니다.

일본도 정확히 말하면 생산가능인구가 감소한 시점은 1990년대 중반입니다. 주택시장은 1990년 초에 이미 붕괴를 시작했습니다. 일본의 주택시장 붕괴도 생산가능인구 감소보다는 일본의 잘못된 정책을 탓하는 시각이 많습니다. 1985년 플라자합의로 엔고가 밀어닥치자 일본은행은 경기위축을 대비해 금리를 내렸습니다.

일본정부는 대규모 자금을 풀어 SOC에 투자했습니다. 이때 은행과 정부에서 풀린 돈이 부동산으로 가면서 부동산 버블이 일어났습니다. 일본 열도를 팔면 미국 전부를 산다는 이야기가 나온 것도 이때입니다. 깜짝 놀란 일본은행이 금리를 올리자 기다렸다는 듯 주택시장이 붕괴됩니다. 때마침 생산가능인구 감소가 겹쳐 혼란이 더 거세졌을 뿐 인구문제가 집값 폭락의 주범은 아니라는 것입니다.

한국에서도 생산가능인구 증감에 따른 부동산 가격의 변화는 잘 보이지 않습니다. 물론 지금까지는 생산가능인구가 계속 증가

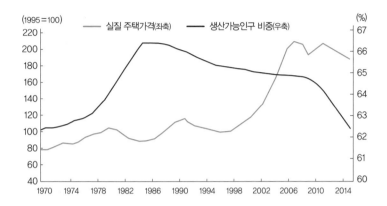

프랑스의 생산가능인구 비중과 실질 주택가격 추이

자료: 키움증권, 〈글로벌 금융시장 100년의 경험이 주는 부동산투자 Insight〉

하는 상황이라 그 효과를 제대로 측정하기 힘들었던 측면도 있습니다. 한국의 부동산 가격은 성장률의 지배를 받아왔습니다. 성장률이 높으면 부동산 가격도 활기를 띄는 반면 성장률이 낮으면 침체기를 겪습니다.

　부동산 가격은 투기를 빼놓고 말하기 어렵습니다. 투기가 부동산에 끼어들면 정상 가격보다 더 높은 가격이 형성되면서 단기적으로 부동산시장이 교란되는 부작용이 생깁니다.

　부동산 전문가들의 이야기를 들어보면 부동산시장에는 집값을 상승시키는 꾼이 존재합니다. 이들은 특정 지역에 몰려가 인근 아파트 수십 채를 동시에 사버립니다. 이 아파트들의 가격이 상승하면 옆 아파트 가격도 덩달아 뛰게 되고, 이때 아파트를 되팔고 떠

나버린다는 것입니다.

미래에셋대우의 이광수 연구위원은 투기에 2종류가 있다고 주장합니다. 하나는 투기수요(이광수 연구위원은 투자수요라고 표기했지만 부동산 과열기에는 투기수요로 변질됩니다)이고, 다른 하나는 투기공급입니다. 투기수요란 투기를 하려는 수요를 말합니다. 전통적인 의미에서의 '투기'입니다. 주목할 만한 부분은 '투기공급'입니다.

다주택자들이 집을 내놓지 않는다

투기공급이란 가격이 상승할 때 공급을 감소시키기 위해 다주택자들이 매물을 거두어들이는 것이라고 이광수 연구위원은 정의했습니다. 다주택자들이 의도적으로 시장매물을 줄여 집값을 올린다는 점에서 '투기공급'이라고 이름 붙였습니다. 2016년 말부터 2017년 사이 서울 부동산시장에는 '팔자'고 나서는 집주인들이 줄어들었는데, 이 공급 감소가 '투기적 공급 감소'였다고 이 연구위원은 주장했습니다. 만약 다주택자들이 차익실현을 위해 매물을 내놓았더라면 그렇게까지 오르지 않았을 거란 이야기입니다.

집값 급등은 다주택자들의 투기수요 때문이라는 김현미 국토교통부 장관의 생각과 기본틀이 같습니다. 다주택자들이 계속해서 매물을 쥐고 있는 한 부동산 가격을 안정시키기는 어렵습니다. 물론 정부가 다주택자들이 쥐고 있는 집들을 내놓게 만들면 시장이 정상 가격으로 돌아갈 수 있지만, 이는 사실상 불가능한 것으로 보는 전문가들이 많습니다. 특히 투기형 다주택자들은 막대한 현금동원 능력을 보유하고 있어 정부가 대출규제를 하더라도 쉽게 주택을 내놓지 않습니다. 보유세를 강화하더라도 세입자의 전월세에 반영하는 식으로 부담을 피해갑니다.

정권이 영원하지 않다는 것도 집값 상승에 배팅하는 이유입니다. 5년 단임제 정부에서는 부동산정책이 수시로 바뀌기 마련입니다. 부동산시장 참가자(투기꾼 포함)들은 2014년 시행한 박근혜 정부의 부동산 부양책이 2017년 문재인 정부가 들어서면서 3년 만에 막을 내린 것처럼 문재인 정부의 부동산을 안정화시키기 위한 정책도 새 정부가 들어서면 결국 바뀔 것으로 보고 있습니다. "누가 이기나 해보자"라며 버티는 시장참가자가 많다는 말이 나오는 이유입니다. '유한'할 수밖에 없는 5년짜리 정권의 한계입니다.

정부가 큰 폭의 집값 하락을 원하지 않는다는 것도 부동산 불패론에 힘을 보탭니다. 경제당국은 부동산정책을 언급할 때마다 "목표는 안정화"라고 말합니다. 크게 뛰거나 크게 폭락하는 게 아닌 합리적인 수준에서 집값이 유지되는 것이 가장 좋다는 이야기입니다. 집값이 설사 버블상태라도 단기간에 거품을 빼는 것을 달가워하지 않습니다.

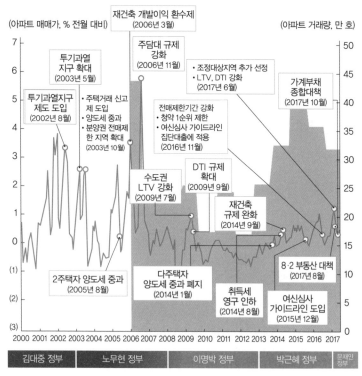

정부별 역대 부동산 규제 역사

(아파트 매매가, % 전월 대비)　　　　　　　　　　　　　　(아파트 거래량, 만 호)

재건축 개발이익 환수제
(2006년 3월)

주담대 규제
강화
(2006년 11월)

투기과열
지구 확대
(2003년 5월)

투기과열지구
제도 도입
(2002년 8월)

• 주택거래 신고
제 도입
• 양도세 중과
• 분양권 전매제
한 지역 확대
(2003년 10월)

• 조정대상지역 추가 선정
• LTV, DTI 강화
(2017년 6월)

가계부채
종합대책
(2017년 10월)

전매제한기간 강화
• 청약 1순위 제한
• 여신심사 가이드라인
집단대출에 적용
(2016년 11월)

수도권
LTV 강화
(2009년 7월)

DTI 규제
확대
(2009년 9월)

재건축
규제 완화
(2014년 9월)

2주택자 양도세 중과
(2005년 8월)

다주택자
양도세 중과 폐지
(2014년 1월)

취득세
영구 인하
(2014년 8월)

8·2 부동산 대책
(2017년 8월)

여신심사
가이드라인 도입
(2015년 12월)

2000　2001　2002　2003　2004　2005　2006　2007　2008　2009　2010　2011　2012　2013　2014　2015　2016　2017

| 김대중 정부 | 노무현 정부 | 이명박 정부 | 박근혜 정부 | 문재인 정부 |

자료: 삼성증권, 〈2018년 연간전망 골디락스를 기대하며〉

　　부동산 가격 하락은 직접적으로 경제성장률을 끌어내릴 수 있습니다. 건설산업이 경색되면서 산업생산이 줄어들고, 일자리가 감소합니다. 실제 2014년 이후 한국경제는 성장률의 상당 부분을 건설투자에 기대고 있습니다. 2017년 1분기의 경우는 전분기 대비 1.1% 성장했는데 건설투자의 기여도가 1.1%포인트였습니다. 건설

투자 성장이 보합이었다면 한국 성장률은 0%가 되었을 것이라는 뜻입니다. 현대경제연구원은 이를 "기형적이고 취약한 성장구조"라고 정의했습니다.[6]

또 자산가치 하락은 소비심리를 얼어붙게 만듭니다. 괜히 돈을 잃은 듯한 기분이 들면 아무래도 씀씀이가 줄어듭니다. 이른바 '역逆부의 효과'입니다.

금융리스크도 있습니다. 부동산 가격 하락은 집의 담보가치를 떨어뜨립니다. 담보대출액보다 집의 가치가 낮아지면 은행은 가계에 대출상환을 요구합니다. 부동산가치 하락기에는 통상 경기가 좋지 못하기 때문에 가계가 이를 갚는 것이 만만치 않습니다. 만약 제때 상환하지 못하면 가계부도가 우려되고, 은행도 위험에 빠지게 됩니다. 이런저런 이유로 집값이 큰 폭으로 떨어진다면 정부는 부양책을 내놓지 않을 수 없습니다. 정권으로서는 너무 큰 리스크이기 때문입니다. 이것이 집값이 크게 오를 수는 있어도 크게 떨어질 수는 없는 이유입니다.

미국이 테이퍼링에 들어가면서 금리인상이 걱정이라지만 대폭적인 금리인상을 기대하기도 어렵습니다. 한국경제가 금리인상에 의연할 정도로 살아난 것은 아니기 때문입니다. 한국경제는 여전히 저성장에 빠져 있습니다. 2017년 재개한 한국은행의 금리인상은 미국 연방준비제도와 유럽중앙은행 등과 비교하면 속도와 폭이 매우 느렸습니다. 버티고 버티다가 마지못해 금리를 올린 듯한

느낌까지 주었습니다. 한국은행이 자신 있게 시중유동성을 회수할 생각이 없는 한 부동산 가격이 큰 폭으로 떨어지는 것은 기대하기 어렵습니다. 사실 한국은행이 경제정책의 일환으로 선제적이고 강력한 금리정책을 편 기억은 거의 없습니다.

부동산에 투자하겠다는 가구는 역대 최고 수준입니다. 가계금융복지조사의 결과를 보면 2017년 기준 '소득이 증가하거나 여유자금이 생길 경우 부동산에 투자할 의사가 있다'고 답한 가구는 56.0%에 달했습니다.[7] 이는 2012년 첫 조사(40.6%)보다 무려 15.4%포인트가 높아진 것입니다.

예상과 달리 2014년 이후 계속된 집값 상승이 투자자들에게 부동산 불패신화에 대한 믿음을 강화시킨 것이 원인으로 보입니다. 경기가 어려울 때는 정부가 결국 부동산시장에 손을 벌릴 수밖에 없다는 학습효과를 투자자들에게 심어주었다는 이야기입니다. 시장에 뛰어들 대기수요가 이렇게 강하다면 집값 역시 쉽게 떨어지지 않을 것입니다.

"집값은
떨어진다"

산이 높으면 골도 깊다

부동산 집값 하락은 정말 기우일까요. 합리적으로 생각하자면 집값의 대폭적인 상승을 기대하기는 힘듭니다. 과거와 비교해볼 때 주변 여건이 너무 안 좋은 것이 사실이기 때문입니다. 2014년 무렵 부산과 대구의 집값이 상승할 때 '이렇게 올라도 되나'라는 물음이 지역에서 제기되었습니다. 줄어드는 인구, 활력 잃은 산업 등을 감안할 때 부산과 대구의 집값이 오를 이유를 찾아보기 힘들었기 때문입니다.

앞서 '한국 부동산은 아직 싸다'라는 주장을 소개했습니다. 그런데 정말 그럴까요? 논쟁이 되는 지점이 분명히 있습니다. 비교

대상을 어떻게 두느냐에 따라 각국의 집값은 달리 비교될 수 있습니다. 국회 기획재정위원회 간사 박광온 의원이 국회입법조사처에 의뢰해 분석한 자료가 있습니다. 결론부터 말하자면 서울 집값이 도쿄보다 1억 2천만 원이나 비쌌습니다. 집을 마련하는 기간도 4.5년이 더 걸렸습니다. 2016년 2월 기준 서울 주택중위가격(서울의 주택을 가격대에 따라 일렬로 세웠을 때 중간에 있는 주택 가격)은 4억 3,485만 원이었습니다. 일본의 수도 도쿄는 3억 1,135만 원이었습니다. 서울의 집값은 미국 워싱턴D.C.(4억 3,883만 원)와 뉴욕(4억 4,340만 원)과는 비슷한 수준이었습니다. 서울보다 비싼 도시는 홍콩(7억 7,485만 원), 런던(6억 4,472만 원), 샌프란시스코(9억 3,163만 원), 로스앤젤레스(6억 6,231만 원) 등이었습니다.

하지만 단순 집값으로 가격을 비교해보면 한계가 있습니다. 그 지역에 거주하는 거주자의 소득도 같이 따져봐야 실질적인 가격을 알 수 있습니다. 박광온 의원의 자료에서 PIR(Price to Income Ratio, 소득대비 주택가격비율)을 보면 서울은 9.2년을 모아야 중위가격인 주택을 마련할 수 있었습니다. (통계청의 2인 이상 비농가 도시가구 연평균 소득 4,728만 원 적용) 도쿄 4.7년, 싱가포르 4.8년, 뉴욕 5.7년보다 훨씬 길었습니다. 도쿄나 싱가포르, 뉴욕 시민들보다 서울 시민들이 집을 마련하기가 더 어렵다는 의미입니다.

또 다른 자료를 볼까요. 글로벌 도시통계 정보사이트인 '넘베오 NUMBEO'에 따르면 서울의 PIR은 더 큽니다. 2018년 6월 기준 서울

(단위: 원)

국가	도시	주택 중위가격	가구 중위소득	소득/주택가격 비율
한국	서울	434,850,000	47,281,176	9.2
일본	도쿄	311,355,816	66,564,368	4.7
	오사카	198,081,489	58,311,408	3.4
미국	로스앤젤레스	662,317,280	71,261,280	9.3
	샌프란시스코	931,638,080	100,814,080	9.2
	뉴욕	443,403,520	78,287,040	5.7
	워싱턴 D.C.	438,831,200	106,278,560	4.1
중국	홍콩	774,858,020	42,873,000	18.1
영국	런던	644,727,600	75,902,022	8.5
싱가포르	싱가포르	338,481,000	70,075,824	4.8

자료: 박광온 의원실

의 PIR은 19.17년이었습니다.[8] 20년 이상 한 푼도 쓰지 않고 모아야 집을 살 수 있다는 뜻입니다. 사실상 서울에서는 집을 사기 어렵다는 말입니다.

9.2년과 19.17년 간 격차는 과도해 보입니다. PIR의 차이가 이렇게 큰 것은 비교 대상으로 삼는 집과 소득기준이 각기 다르기 때문입니다. 그렇다고 의미가 없는 것은 아닙니다. 중요한 것은 추세입니다. 넘베오 자료는 서울의 집값이 최근 가파르게 상승했다는 것을 알려줍니다. 2013년 초 서울의 PIR은 10.4년으로 137위였습

세계 주요 도시별 PIR 지수 순위

순위	도시(국가)	지수	순위	도시(국가)	지수
1	선전(중국)	39.76	13	리우데자네이루(브라질)	20.81
2	홍콩(홍콩)	38.61	14	바쿠(아제르바이잔)	20.69
3	베이징(중국)	37.80	15	모스크바(러시아)	20.47
4	상하이(중국)	36.91	16	로마(이탈리아)	20.30
5	뭄바이(인도)	31.58	17	광저우(중국)	20.12
6	알제(알제리)	27.13	18	텔아비브야파(이스라엘)	19.97
7	런던(영국)	24.16	19	보고타(콜롬비아)	19.96
8	리비우(우크라이나)	23.33	20	예프(우크라이나)	19.69
9	베오그라드(세르비아)	22.25	21	상파울루(브라질)	19.40
10	싱가포르(싱가포르)	22.18	22	몬테비데오(우루과이)	19.37
11	방콕(태국)	21.58	23	서울(한국)	19.17
12	타네(인도)	21.26			

자료: 넘베오

니다. 그러다 2014년 13.5년(110위)로 뛰더니 2015년 14.2년(96위), 2016년 16.7년(44위), 2017년 17.8년(33위) 등으로 가파르게 경쟁도시들을 제쳤습니다. 2018년 서울의 PIR은 267개 주요도시 중 23번째였습니다. 5년 사이 서울의 PIR은 9.3년이 늘어났고 114계단이나 상승했습니다.

산이 높으면 골도 깊다고, 이렇게 빨리 달음박질을 쳤으니 행여 꼭지를 친 것 아니냐는 의심을 해볼 만도 합니다.

선대인경제연구소의 선대인 소장은 2013년 책『선대인, 미친 부동산을 말하다』에서 부동산 가격 폭락을 점쳤습니다. 이미 부동산 신화는 끝났고, 대세하락기에 접어들었다고 강조했습니다. 그는 일본은 부동산 가격이 폭락한 뒤 가계를 동원했지만, 한국은 주택 거품이 거의 빠지지 않은 상태에서 가계를 동원하는 바람에 여전히 부동산에 거품이 끼어 있다고 분석했습니다.

또한 인구고령화 때문에 노후 세대가 노후자금을 마련하기 위해 집을 내놓을 텐데 인구수가 적고 소득이 빈약한 젊은 세대가 이를 받아주지 못해 집값 폭락은 불가피하다는 주장도 폈습니다. 이후 부동산시장이 미친듯이 타오르면서 선대인 소장의 전망은 힘을 잃었지만, 그의 경고가 마냥 무익했다고 무시할 수만도 없습니다. 집값을 하락으로 이끌 잠재적인 요소는 여전히 산재하기 때문입니다.

특히 좀처럼 늘지 않는 가계소득, 만성화된 청년실업, 갈수록 가팔라지는 출생아 수 감소 등을 감안하면 '집값 불패'를 자신하기 어렵습니다. 집값이 상승하지 않을 것으로 보는 시각은 매년 커지고 있습니다. 가계금융복지조사를 보면 '내년 집값이 상승할 것'이라는 가구주들의 전망은 2015년 26.4%에서 2016년 23.0%, 2017년 22.3% 등 매년 낮아지고 있습니다.[9] 현실적으로 집값은 상승해도 잠재적인 불안감을 재우지는 못한다는 의미입니다.

누가 방아쇠를 당길 것인가?

주식을 해본 사람은 하락장이 얼마나 무서운지를 알고 있습니다. 어떤 식으로든지 부동산시장 하락의 방아쇠가 당겨지면 걷잡을 수 없을 것이라는 게 부동산 비관론자들의 주장입니다. 겁을 잔뜩 먹은 주택 소유자가 집을 내던지는데 이를 받아주는 사람이 없으면 집값은 당연히 폭락합니다. 집값 하락기 때 버틸 수 있는 맷집은 가계부채가 얼마나 있느냐에 달렸습니다. 가계부채가 적다면 어느 정도 집값이 하락해도 버틸 수 있지만, 가계부채가 많다면 버티기 어렵습니다. 집값의 가치가 떨어지면 담보가치도 떨어질 것이고 은행이 곧바로 담보회수에 나설 것이기 때문입니다.

예를 들어 5억 원짜리 집을 사면서 3억 5천만 원(담보 70%)을 빌렸다 칩시다. 그런데 집값이 4억 원으로 폭락하면 담보가치도 2억 8천만 원으로 떨어집니다. 은행은 차액(7천만 원)만큼 추가 담보를 요구하거나 자금회수에 나설 수 있습니다. 만약 집주인에게 추가 대출이 있었다면 이런 집은 자칫 '깡통주택'이 될 수 있습니다. 깡통주택이란 집을 팔아도 대출금을 갚지 못하는 주택을 말합니다. 행여 이런 집에 전세로 들어가 있다면 '깡통전세'가 됩니다. 깡통전세는 세입자가 전세보증금을 되돌려받지 못하는 주택을 말합니다.

2014년부터 정부가 '빚내서 집사기' 정책을 편 이후 주택담보대출이 없는 가구의 비중이 하락하고 있습니다. 주택담보대출이 없는 가구의 비중은 2012년 말 62.8%에서 2016년 말에는 57.0%로 5.8%포인트 감소했습니다.[10] 그만큼 빚이 긴 주택이 많다는 의미입니다.

가계의 부채부담은 여러 곳에서 목격됩니다. 2000~2016년 동안 실질주택가격 상승률과 실질가계부채 증가율을 보면 한국의 부채 증가율은 OECD 평균보다 더 가팔랐습니다. 자산이 불어나는 속도보다 빚의 증가 속도가 가팔랐으니 가계가 체감하는 부담은 그만큼 커졌습니다. 가계가 어떤 식으로든 충격을 받게 될 경우 부

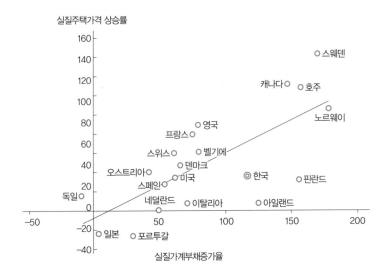

실질주택가격 상승률과 실질가계부채 증가율 비교(2000~2016년)

자료: Christophe Andre(OECD), "Household Debt in OECD Countries: Stylized Facts and Policy Issues"

채부담을 이겨내기가 힘들 수 있다는 의미입니다. 빌린 빚만큼 자산이 늘어나지 않았으니 외부의 충격에 민감할 수밖에 없습니다.

실제 너무 많은 빚을 져서 빚부담이 큰 '위험가구'는 생각보다 많습니다. 2015년 가계금융복지조사 결과를 보면 위험가구[11]는 약 91만 7천 가구에 달합니다. 전체 주택담보대출가구가 562만 3천 가구니까 가계부채 보유가구 중 16.3%가 위험가구입니다. 가계부채 보유가구의 금융부채 총액은 665조 7천억 원입니다. 이 중 위험가구가 빌린 금융부채 총액은 169조 4천억 원입니다. 전체 가계부채 가구 금융부채의 25.4%입니다. 수적인 측면에서는 위험가구가 16.3%지만 부채금액 측면에서는 25.4%에 달한다는 뜻입니다.[12] 결코 적지 않은 숫자입니다.

집값이 상승만 하지 않는다는 것은 이미 경험으로 압니다. 1997년 외환위기 당시 전국의 집값은 1년간 13.1% 떨어졌습니다. 2008년 글로벌 금융위기 때는 집값이 2.5% 떨어졌고 부산은 7.0%나 하락

외환위기 및 금융위기 발생시 국내 주택가격 변동률

(단위: %)

	전국	서울	수도권	부산
외환위기(1997.11~1998.11)	-13.1	-14.9	-	-10.1
미국 금융위기(2008.9~2009.9)	-2.5	-1.7	-3.1	-7.0

※외환위기나 금융위기 발발 이후 1년간 가격 변화율 계산

자료: 국회예산정책처, 〈주택가격 변화가 가계부채와 금융안정성에 미치는 영향〉

했습니다. 특히 2008년 금융위기는 저성장과 맞물리면서 7년 넘게 집값이 바닥을 다졌습니다. 금융위기와 같은 외부 충격파가 저성장 및 저출산과 맞물리면 집값 하락의 고통이 의외로 장기화될 수 있다는 뜻입니다.

땅 많은 부자에게 세금을 걷어 전국민에게 나눠준다면?

당시에는 말도 안 된다 생각했는데 몇십 년이 흐른 뒤 현실이 되는 제도가 있습니다. 기초연금이 대표적인 예입니다. 65세 이상 고령자에게 일정 금액을 '묻지도 따지지도 않고' 주는 기초연금은 2000년대 초반 민주노동당 등이 제기했습니다. 그때만 해도 '말도 안 된다'는 이야기가 많았습니다. 하지만 2007년 노무현 정부는 기초노령연금을 도입했습니다. 박근혜 정부는 지급액을 더 높였습니다. 2018년 기준 65세 이상 고령자에게는 월 30만 원가량의 기초연금이 주어집니다.

부동산으로 인한 자산불평등 문제가 심해지자 진보 진영을 중심으로 제기되는 제도가 '국토보유세 도입'과 '토지배당 지급'입니다. 국토보유세의 기본 개념은 '부동산 세금 체계를 단순화하자'입니다. 어떤 땅이든 구분 없이 땅을 가진 만큼 세금을 매깁니다. 대상은 토지에 한정합니다. 토지에서 나오는 지대를 불로소득으로 보기 때문입니다. 건물은 투자로 보고 제외합니다. 공제는 없습니다.

대구가톨릭대학교 전강수 교수 등이 설계한 국토보유세를 봅시다. 전국에 있는 토지를 개인별로 모두 합산해서 과세하는 것이 기본 골격입니다. 종합합산토지, 별도합산토지, 분리과세토지 등 용도별 차등과세는 폐지합니다. 용도별 차등과세는 1980년대 말 종합토지세 제정 당시 영업용 건물의 부속토지를 많이 보유한 기업의 세금을 깎아주기 위해 도입했습니다. 비과세감면은 원칙적으로 폐지합니다. 공정시장가액비율도 폐지합니다. 그냥 공시지가를 구해 그것으로 과세표준을 삼습니다.

현행 과세표준은 공시지가(시가의 60~70%)에 공정가액시장비율(공시지가의 80%)을 곱해 구합니다. 그러다 보니 과세표준은 시가의 50% 내외밖에 안 됩니다. 다시 말해 실거래가 5억 원짜리 부동산은 2억 5천만 원의 가치로 인정되어 그만큼만 세금이 매겨진다는 뜻입니다.

재산세(지방세)는 현행대로 유지합니다. 다만 재산세 중 토지분만큼은 환급해줍니다. 국토보유세로 이미 토지분에 대한 세금을 걷은 만큼 재산세로 또 걷으면 이중과세가 되기 때문입니다.

이렇게 걷은 세금은 전 국민에게 균등합니다. 2012년 기준으로 계산해보면 모두 15조 5천억 원의 세금을 걷을 수 있고, 이를 모든 국민에게 '토지배당'으로 나눠줄 경우 1인당 30만 원가량 될 것으로 추정되었습니다. 특히 2015년 가계금융복지조사를 토대로 시뮬레이션해보면 전체 가구의 95%는 납부하는 국토보유세보다 지급받는 토지배당이 더 많을 것으로 추산되었습니다.[13] 이렇게 많은 국민들에게 혜택이 돌아갈 수 있는 것은 소수의 개인과 기업이 보유한 땅이 너무 많기 때문입니다. 2014년 기준 개인 토지 소유자 중 상위 10%가 전체 개인 소유지의 64.7%를, 법인 토지 소유자 중 상위 1%가 전체 법인 소유지의 75.2%를 보유하고 있습니다(가액 기준).

토지배당은 사실상 기본소득의 효과가 있습니다. 기본소득이란

종합부동산세와 국토보유세의 주요 내용

종합부동산세		국토보유세
토지+건물	과세 대상	토지
주택, 별도합산토지, 종합합산토지로 용도 구분	용도별 차등과세	용도별 차등과세 폐지
공시가격×공정시장가액비율	과표	공시지가
인별합산	인별합산	인별합산
용도별 과표 및 세율 상이	과표 및 세율	과세표준에 따라 세율 상이
있음	비과세·감면	폐지
전액 지방교부	특이사항	국토보유세에서 토지분 재산세 환급 국토보유세 세수는 모든 국민에게 1/n씩 토지배당 분배

자료: '부동산 불평등 해소를 위한 보유세제 개편 방안' 토론회

국민 1인당 일정금액을 지급하는 제도입니다. 이런 방식이면 국토보유세 도입에 따른 조세저항도 적을 것으로 제안자들은 보고 있습니다.

전강수 교수는 "종합부동산세는 과도한 땅을 가진 일부 국민에게 많은 세금을 물리기 때문에 조세저항이 일어났다"며 "국토보유세를 걷어 토지배당으로 돌려주면 전체 가구의 95%가 순수혜택을 누리기 때문에 조세저항이 세지 않을 것"이라고 말했습니다.

현재 부동산은 버블일까요, 아니면 정상일까요.

10년 만에 찾아온 거친 가격 상승기를 겪고 난 뒤,

시장에서는 또다시 전통적인 논쟁이 벌어지고 있습니다.

한때 1비트코인의 가격이 2천만 원을 넘었습니다. 누구도 보증해주지 않고 만질 수도 없는 것이 비트코인인데도 가격은 하늘 높은 줄 모르고 치솟았습니다. 이를 좇아 사람들은 가상통화에 '묻지마 투자'를 단행했습니다. 17세기 네덜란드의 '튤립 광풍'과 닮았습니다. 하지만 과열을 우려한 정부가 개입했고, 가상통화의 가격은 곧 급락했습니다. 가상통화는 '돈 놓고 돈 먹기식' 금융사기에 불과할까요?

비트코인은 블록체인 검증에 참여할 때 주어지는 보상입니다. 중개인 없이 당사자 간 직거래를 할 수 있도록 돕는 블록체인은 거래의 미래라고 불립니다. 비트코인이 무가치한 튤립과는 다르다는 이야기입니다. 블록체인이 어디로 진화할지 아무도 모릅니다. 금융결제, 스마트그리드, 자율주행자동차, 선거제도 등 블록체인이 바꿀 수 있는 세상은 무궁무진합니다. 가상통화는 미래가 될 수 있습니다.

4장

전 세계 가격 상승을 주도한
한국의 가상통화는
흥할까, 망할까?

"가상통화는 미래가 될 것"
vs.
"가상통화에 미래는 없을 것"

누구도 예상하지 못한 가상통화의 출현

누구도 예상하지 못했을 것입니다. 2008년 10월의 마지막 밤 사토시 나카모토라는 인물이 올린 한 논문이 10년도 되지 않아 세상을 흔들어 놓을지는. 그 논문의 제목은 '비트코인: P2P 전자화폐 시스템'[1]이었습니다.

가상통화는 더이상 가상의 세계에 머무르지 않습니다. 가상통화는 1비트코인당 1천만 원을 넘어선 2017년 하반기 이후 명백한 현실이 되었습니다. 회사원과 주부는 물론이고 고등학생들까지 몰려들었습니다. 롱패딩을 입은 고등학생들이 PC방에 앉아 가상통화 추세선을 들여다보는 기이한 현상까지 벌어졌습니다. 상당

수 PC방 주인들은 문을 닫고 아예 채굴업자로 변신했습니다.

2017년 12월 정부는 마침내 규제안을 빼들었습니다. '거래소를 폐쇄할 수도 있다'라는 말에 가상통화는 한때 폭락했지만 곧 그 기세를 회복했습니다. 가상통화의 미래에 대해서는 많은 시각이 존재합니다. 한때 지나가는 '투기 광풍' 해프닝에 불과하다는 것이 가장 부정적인 시각이라면, 달러를 대치하는 미래 기축통화가 될 수 있다는 것이 가장 긍정적인 시각입니다. 금융 전문가나 법률 전문가는 전자에, 과학기술 전문가는 후자에 가까워 보이지만 이것 역시 개인적인 편차가 있습니다.

가상통화에 대한 견해가 극과 극을 달리는 것은 가상통화의 실체를 정확히 아는 사람이 없기 때문입니다. 가상통화와 그 기반이 되는 블록체인 기술은 이제 막 태동했습니다. 세상에 존재를 알린 지 얼마 안 된 미토콘드리아가 앞으로 어떻게 진화해나갈 것인지를 예측하는 것은 불가능합니다. 심지어 비트코인bitcoin을 만든 사토시 나카모토조차도 모릅니다. 카이스트 정재승 교수는 "가상통화는 스스로 진화하면서 우리가 예측하지 못한 다른 세상으로 갈 수도 있다"라고 말했습니다.

도대체 가상통화가 무엇이란 말입니까. 가상통화에 대한 기본적인 개념부터 짚고 넘어갑시다. 대략적인 개념을 Q&A로 정리했습니다.

Q1. 가상통화란 무엇인가?

가상통화는 실물이 없는 통화를 말합니다. 하지만 가상통화에 대해 구체적으로 합의된 정의는 없습니다. 2017년 금융위원회 등 정부가 처음 내놓은 가상통화 TF task force 자료에는 가상통화란 "민간에서 발행한 전자적 가치의 표시"라고 정의했습니다. 단순히 말해인터넷 커뮤니티였던 싸이월드의 도토리와 같은 '사이버 머니'라는 이야기입니다. 그러나 가상통화는 싸이월드의 도토리와는 운영 방식이 크게 다릅니다. 도토리는 싸이월드 운영 회사가 발행하고 관리했습니다. 발행량에 제한이 없고 도토리를 사고파는 기능도 없었습니다.

가상통화는 누가 발행하는 것이 아니라 채굴을 통해서 얻는 것입니다. 채굴해서 가상통화를 얻게 되면 가상통화거래소에서 개인끼리 사고팝니다. 혹 가상통화를 받는 가게가 있다면 그곳에서도 쓸 수 있습니다. 일본에는 그런 곳이 많습니다.

가상통화 설계자들은 가상통화의 발행량만 정합니다. 비트코인의 경우 2140년까지 2,100만 개를 생산하고, 그 이후에는 생산을 중단하도록 설계되었습니다. 이더리움 ethereum은 발행량 제한이 없습니다. 비트코인이든 이더리움이든 채굴로 얻어야 한다는 것은 똑같습니다.

Q2. 가상통화, 암호통화, 가상화폐, 암호화폐 등 다양한 용어가 나오는데 정확한 용어는 무엇인가?

명확한 정의가 없기 때문에 각기 다른 용어가 사용되고 있습니다. 가장 먼저 대중적으로 사용된 용어는 가상화폐였습니다.

정부는 가상통화라는 용어를 쓰고 있습니다. 가상통화가 '화폐'의 주요한 역할인 '교환'의 매개를 하지 못한다고 보기 때문입니다. 가상통화cryptocurrency의 영문명이 커런시(currency, 통화)지 머니(money, 화폐)가 아니라는 것도 또 다른 이유입니다.

암호화폐라는 말은 블록체인 기술을 강조하는 이들이 주로 씁니다. 암호화폐는 이 새로운 돈이 중앙은행처럼 발행 주체가 있는 것이 아니라 해킹이 불가능한 암호화 기술을 이용한 채굴작업을 통해 얻어진다는 점을 강조합니다.

Q3. 화폐나 통화라는 표현이 부적절하다는 지적도 있는데?

법조계에서는 '가상증표'라는 표현을 선호합니다. 통화, 화폐 등으로 불리면 일반인들에게 돈이라는 인식을 잘못 심어줄 수 있다는 이유에서입니다. 앞으로 가상증권, 가상채권 등이 나오지 말라는 법도 없습니다. 따라서 가치중립적인 가상증표가 낫다는 주장을 폅니다. 일각에서는 통화나 화폐는 아니지만 그렇다고 교환가치마저 없는 것은 아니라며 '디지털 토큰'이라는 용어를 쓰자는 주장도 폅니다. 토큰은 상품권, 교환권과 유사한 의미를 갖고 있습니다.

Q4. 국제적 기준에서 가상통화를 어떻게 규정할 수 있을까?

국제결제기구BIS의 기준을 준용해볼 수 있습니다. BIS는 ① 발행자(중앙은행/기타) ② 형태(전자/실제) ③ 접근성(오픈형/제한형) ④ 교환메커니즘(중앙집중/분산) 등 4가지 기준으로 화폐를 분류합니다. 우리가 말하는 '가상통화'는 중앙은행이 아닌 기타가 발행하며, 실물이 없는 전자적 형태를 띄고, 누구나 참여할 수 있는 오픈형이며, 중개자를 통하지 않고 모두에게 공유되는 분산형이라 볼 수 있습니다.

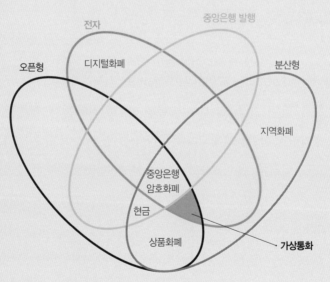

화폐의 분류

자료: 국제금융센터

Q5. 가상통화는 누가 만들었는가?

가상통화의 원조는 비트코인입니다. 2008년 10월 31일 사토시 나카모토라는 사람이 한 홈페이지www.bitcoin.org에 논문을 발표하면서 알려졌습니다. 2009년 최초로 50비트코인이 만들어졌습니다. 발행 시기가 2008년 글로벌 금융위기를 겪은 다음이라는 점과 중앙은행과 같은 발행 주체가 없다는 점에서 기존 금융제도에 대한 반감으로 개발되었다고 보는 시각도 있습니다. 중앙은행이 화폐 발행을 남발해 화폐가치를 일방적으로 결정하는 것을 개인들이 더는 참지 않겠다는 의미입니다. 그런 의미에서 가상화폐 신드롬을 제2의 월가시위(Occupy Wall Street, 월가를 점령하라)로 보기도 합니다.

Q6. 사토시 나카모토는 누구인가?

여전히 베일에 가려 있습니다. P2P재단 웹사이트에 있는 정보를 보면 '37세 남자, 일본 거주'라고 되어 있습니다. 하지만 그가 사용하는 언어가 매끄러운 영국식 영어였다는 점에서 일본인이라고 쉽게 단정하기 어렵습니다. 블록체인과 비트코인은 한 명이 고안할 수 있는 게 아니라서 복수의 관계자가 있는 것은 아닌가 의심하기도 합니다.

　음모론도 있었습니다. 삼성, 도시바, 나카미치, 모토로라 등 4개의 IT 글로벌 기업이 개입되어 있다는 것입니다. SAmsung+T

OSHIba+NAKAmichi+MOTOrola를 합치면 사토시 나카모토 Satoshi Nakamoto가 됩니다.[2] 물론 근거는 없습니다.

문송천 전 카이스트 교수는 "3명의 전문가가 협력해서 고안했을 것"이라며 "비트코인은 분산처리기술, 협동기술, 암호기술(수학) 등 3가지 기술이 결합되어 있다"고 말했습니다.

문 교수는 분산처리는 일리노이 대학교와 UC버클리가 강하다는 점에서 일리노이와 UC버클리 출신 전산학 전문가와 수학박사가 함께 개입되어 있을 것으로 추정했습니다.

Q7. 채굴 작업은 무엇이고, 어디에서 하나?

채굴은 가상통화 거래가 정상적인지를 검증하는 데 참여한 사람들에게 주는 보상입니다. 블록체인으로 거래를 하면 이 거래가 전체 네트워크에 공개됩니다. 네트워크에 있는 사람들은 이 거래가 정상적인지를 검증합니다. 이 과정에서 기록의 묶음이 발생되는데 이를 블록이라고 합니다. 블록을 생성하기 위해서는 수학문제를 풀어야 합니다. 수학문제를 풀어 새로운 블록을 형성시키는 것이 마치 금을 캐는 것과 비슷하기 때문에 '채굴'이라 불립니다. 채굴에 나선 일반인들을 채굴자(마이너, 광부)라고 부릅니다.

연산문제가 상당히 어렵기 때문에 고성능 컴퓨터가 필요합니다. 일반인이 하기는 어렵습니다. 비트코인은 지난 10분간 새롭게 발생한 거래기록들을 모아 블록을 생성합니다. 이 블록을 생성해 블록체인에 추가한 마이너는 25비트코인을 받습니다.

Q8. 채굴은 주로 어디에서 많이 이루어지나?

비트코인의 경우 이를 형성하는 데 가장 먼저 기여한 마이너에게만 채굴이 주어집니다. 전 세계에서 채굴에 참여한 컴퓨터 중 한 컴퓨터만 비트코인을 얻을 수 있다는 말입니다. 그렇기 때문에 강력한 컴퓨팅파워가 필요합니다.

영국 케임브리지 대학교의 연구에 따르면 채굴작업의 58%는 중국에서, 16%는 미국에서 이루어집니다. 채굴을 하기 위해서는 전기가 많이 듭니다. 중국의 전기료가 세계 최저 수준이어서 기업형 채굴업체들이 중국에 몰려 있습니다. 중국에 편중된 채굴은 향후 가상통화 시장에 리스크로 작용할 수 있다는 우려가 많습니다.

중국도 중국대로 걱정이 생겼습니다. 전기소비가 급증했고, 가상통화 채굴량이 늘면서 지하자금이 유통될 우려도 커졌습니다. 중국은 "채굴업체에 전기 공급을 중단해 가상통화 채굴을 금지할 방침"이라고 밝혔습니다.

Q9. 가상통화에는 비트코인만 있나?

아닙니다. 전 세계 가상화폐 정보를 제공하는 업체인 '코인마켓캡'을 보면 2018년 1월 14일 기준으로 가상통화는 1,429개나 됩니다. 매일 전 세계에서 새로운 가상화폐가 생겨나고 있습니다. 그

중 비트코인이 가장 많이 사용됩니다. 비트코인을 제외한 다른 가
상통화는 알트코인altcoin이라고 통칭해서 부릅니다. 전 세계 비트
코인의 시가총액은 약 2,337억 달러(약 249조 원)에 달합니다. 이어
이더리움이 1,303억 달러(약 139조 원)로 2번째로 시가총액이 많
습니다.[3]

이더리움은 비트코인 개발에 자극을 받은 1994년생 러시아인
비탈릭 부테린이 2014년에 개발했습니다. 비트코인은 거래내역과
잔액 정도만 저장이 가능하지만 이더리움은 더 다양한 정보까지
저장해 한 단계 업그레이드된 가상통화로 평가됩니다. 리플rippl이
라는 가상화폐도 주목을 받고 있습니다. 리플은 비트코인과 달리
한 기업이 생산합니다. 간편 송금을 목적으로 만들어졌습니다. 블

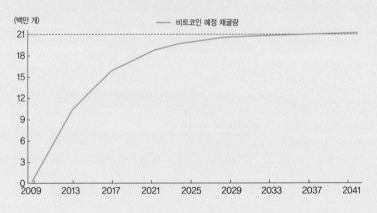

비트코인 채굴 스케줄

자료: 이베스트투자증권 리서치센터

록체인 플랫폼인 '리플넷'에서 송금 수수료처럼 사용할 수 있습니다.

Q10. 가상통화의 가격은 어떻게 결정되는가?

가상통화의 가격은 전 세계 거래소마다 제각각입니다. 한국의 거래소도 비트코인 등의 가상화폐 가격이 다릅니다. 각 거래소 안에서만 가상화폐가 거래되기 때문입니다. 한때 한국에서의 가격은 외국보다 20~30%가량 비쌌습니다. 이를 '김치프리미엄'이라고 불렀습니다. '김치프리미엄'이 생겼던 이유는 사려는 이들이 많았기 때문입니다. 하지만 정부의 규제가 본격화된 이후 투자자가 줄어들면서 '김치프리미엄'은 사실상 소멸되었습니다.

증권가에서는 가상통화를 '디지털 금'이라고 보는 시각도 있습니다. 안전자산의 경향을 띤다는 것입니다. NH투자증권은 2009년 이후 비트코인은 정치적 리스크와 금융위기 등 안전자산을 선호하는 경향이 나타날 때 가격이 올랐고 각국의 규제가 등장할 때 가격이 떨어졌다고 분석했습니다. 채굴은 주로 업자를 통해 이루어지지만 거래는 개인을 통해 이루어지기 때문에 팔겠다는 사람이 있어야 살 수가 있고, 팔려고 해도 사려는 사람이 있어야 매도가 가능합니다. 금융당국이 가상통화를 '폰지사기(다단계 금융사기)'와 유사하다고 표현한 이유입니다. 고점에 사들였다가 가격 폭락시 받아줄 사람이 없으면 대규모 피해가 발생할 수 있습니다.

Q11. 국내에서 거래소를 폐쇄하면 아예 거래를 할 수 없는가?

국내거래가 막히더라도 해외 거래소를 이용할 수 있습니다. '해외 망명'이라는 말까지 생겨났을 정도입니다. 이미 국내 거래소와 해외 거래소를 같이 운영하는 곳도 있습니다. 해외 거래소 중에는 한국어 서비스를 지원하는 곳도 있습니다. 해외의 대표적 거래소인 바이낸스는 한때 신규 가입자가 급증했습니다. 한국정부의 규제를 피해 상당수 투자자들이 이동한 것으로 추정되었습니다. 다만 해외 거래소를 이용할 경우 원화로 현금화하기가 어려울 수 있습니다. 환전을 거주민에게만 허용하는 경우가 많기 때문입니다.

Q12. 블록체인이란 무엇인가?

블록체인은 중개자 없이 거래 당사자 간 직접 거래를 가능하게 하는 기술을 말합니다. 거래정보를 특정기관이나 중앙서버에 저장하지 않고, 네트워크상에 분산·저장하되 참여자 모두가 이 정보를 공동으로 관리하며 검증한다는 것이 특징입니다.

블록체인이라는 개념은 30여 년 전부터 있어왔지만 암호화폐로 거래할 때 발생할 수 있는 해킹을 막는 기술로 활용되면서 관심을 받기 시작했습니다. 예컨대 두 사람이 돈을 거래한다고 칩시다. 지금은 은행을 거쳐야 합니다. 하지만 블록체인 기술을 이용하면 은행 없이 A의 통장에서 B의 통장으로 바로 보낼 수 있습니다. A와 B의 거래는 C가 검증해줍니다.

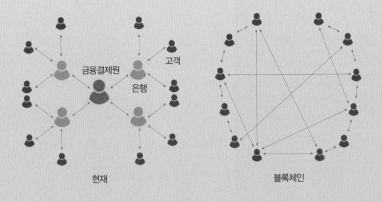

자료: Organic Media Lab 2018

블록체인은 금융거래뿐 아니라 보증자가 필요했던 모든 거래에 적용할 수 있습니다. 부동산을 사고팔 때도 중개인 없이 매수자와 매도자가 직접 거래할 수 있습니다. 회계사도 필요 없습니다. 특정 회사의 장부를 일반인들이 공개적으로 검증해줄 수 있기 때문입니다. 정보가 많이 노출되는 만큼 분식회계는 더욱 어려워집니다. 블록체인이 발달하면 모든 중개상이 사라져 거래비용이 크게 줄어듭니다. 심지어 가상통화 거래소도 사라지게 됩니다.

Q13. 가상화폐로 실제 물건을 살 수 있는가?

비트코인 이용자들은 매년 5월 22일을 '피자데이'로 기념하고 있습니다. 미국 플로리다 주 잭슨빌에 사는 라스즐로 한예츠라는 비트코인 보유자가 피자 2판을 배달시켜주면 1만 비트코인을 지불

하겠다고 말했는데 나흘 만인 2010년 5월 22일 실제 거래가 이루어졌습니다. 현재 비트코인으로 물건을 살 수 있는 곳은 전 세계에 1만여 곳이 있고 국내에는 150여 곳이 있습니다.

Q14. 비트코인은 누가 가지고 있는가?

비트코인을 대량으로 보유하고 있는 이들을 가리켜 '고래'라고 부릅니다. 최대 2,100만 개로 발행량이 한정되어 있는 비트코인은 현재 1,600만 개가량 채굴되었습니다. 2017년 12월 〈블룸버그통신〉은 비트코인의 40%를 '고래'라고 불리는 약 1천 명이 소유하고 있다고 보도했습니다. 비트코인 초창기에 뛰어든 이들로 마음만 먹으면 시세 조종을 할 수 있습니다.

비트코인의 배후에는 '와타나베 부인'이 있다는 주장도 있습니다. 일본에서 저금리로 돈을 빌려 해외에 투자하는 일본인 투자자를 일컫는 말입니다. 이들이 가상통화 시장에서 비트코인을 야금야금 사 모으면서 영향력을 키우고 있다는 것입니다. 최근에는 중국의 채굴량이 급증하면서 중국파워를 우려하는 목소리도 있습니다. 발행량이 한정되어 있는 만큼 비트코인을 많이 소유한 세력이 장난을 칠 수 있는 여지가 큽니다.

"가상통화는
  사기다"

1비트코인이 1천만 원?

지금까지 가상통화에 대해 알아보았습니다. 또 블록체인에 대해서도 알아보았습니다. 궁금증이 모두 풀리지는 않았겠지만, 대략적으로 이해하는 데는 도움이 되었을 것입니다.

가상통화에 대한 우려는 '과열'입니다. 블록체인 기술이 시현되기 전에 가상통화 거래열풍이 불면서 버블이 생겼다고 봅니다. 실체도 없는 1비트코인이 1천만 원을 넘어서는 것을 정상적이라고 보는 사람은 거의 없습니다. 2000년대 IT버블을 능가했으면 능가했지, 그때보다 덜하지 않을 것으로 우려합니다.

"가상통화는 사기다"라고 경고하는 대표적인 인물이 유시민 작가입니다. 유 작가는 "암호화폐는 인간의 어리석음을 이용해 누군가가 장난쳐서 돈을 빼어 먹는 과정"이라고 단언합니다. "그야말로 미친 짓"이라는 극단적인 표현도 서슴지 않습니다.[4]

최초의 블록이 형성되고 비트코인이 형성된 것은 2009년 1월 3일입니다. 하지만 가치는 없었습니다. 9달이 지난 10월 5일 자신을 '비트코인 수집자'라고 소개한 닉네임 'New Liberty Standard'라는 사람은 자신의 웹사이트에 '1달러=1309.03비트코인'이라는 글을 올렸습니다. 1비트코인=0.0008달러였습니다. 자신이 비트코인을 채굴하기 위해 사용한 전기료에서 컴퓨터가 차지하는 공간만큼의 임대료를 곱하고, 이 값을 12개월로 나눈 뒤 자신이 지난 한 달간 채굴을 통해 벌어들인 비트코인 금액으로 나눈 값이었습니다.[5] 2010년 7월 가상통화를 거래하는 '마운트콕스'가 문을 열면서 비트코인 거래가 본격화되었습니다.

2011년 2월 1비트코인은 1달러가 되었고, 4개월 뒤인 6월에 10달러를 넘더니 30달러까지 치솟았습니다. 그리고 1년 뒤인 2013년 4월에는 100달러를, 7개월 뒤인 11월에는 1천 달러를 넘어섰습니다. 그야말로 광풍이었습니다. 그리고 2017년 11월 1만 달러를 넘어섰습니다. 탄생한 지 9년밖에 안 된 상품이 개당 1만 달러(1,100만 원)를 넘어서는 것은 역사적으로도 유례를 찾아보기 힘든 일입니다. 그러니 광풍이라는 말이 나오는 것도 당연해 보입니다.

비트코인 열풍을 타고 알트코인들의 가치도 급상승했습니다.

가상통화시장 시가총액 변화 추이(2013년 4월 29일~2018년 2월 25일)

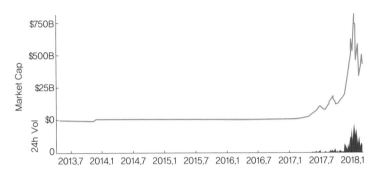

자료: 코인마켓캡

이더리움, 리플 등도 2017년 말 하늘 높은 줄 모르고 상승했습니다. 가상통화시장의 시가총액도 엄청난 속도로 덩치를 불려나갔습니다.

가상통화의 '묻지마 가치상승'을 우려하는 쪽은 가상통화가 사실상 '폰지사기'와 닮았다는 점을 강조합니다. 폰지사기란 찰스 폰지가 썼던 사기수법입니다. 신규 투자자의 돈으로 기존 투자자에게 수익을 지급하는 돌려막기식 사기를 통칭합니다. 이른바 '돈 놓고 돈 먹기'입니다. 1919년 찰스 폰지는 국제우편 속에 들어 있는 반송용 국제우편 쿠폰을 보면서 투자 아이디어를 얻습니다. 쿠폰이 있으면 어느 나라나 우표를 바꿀 수 있었는데 쿠폰 가격이 나라마다 달랐습니다.

예컨대 뉴욕은 2달러인데 파리는 1달러였습니다. 파리에서 1달러를 주고 사서 뉴욕에서 2달러를 주고 팔면 1달러가 남습니다. 폰지는 90일 뒤 50%의 수익을 챙겨주겠다고 광고하면서 3만 명으로부터 엄청난 돈을 끌어모았습니다. 하지만 곧 언론들이 의문을 제기했습니다. 투자받은 금액으로 수익을 남기려면 쿠폰 1억 6천만 장을 사서 차익을 남겨야 했습니다. 그런데 쿠폰의 실제 발행량은 2만 장이 채 안 되었습니다. 머지않아 수익구조가 드러나면서 사기행각은 끝이 났습니다.

폰지사기는 투자금을 투자해 수익을 창출하는 것이 아닙니다. 뒷사람의 투자금을 앞사람에게 수익금으로 분배하여 나눠줍니다. 따라서 계속해서 후발 투자자가 유입되어야 합니다. 새로 들어오는 투자자가 줄어들면 그 판은 절단납니다.

가상통화도 마찬가지입니다. 가상통화 가치가 뛰어오른 것은 가상화폐 거래소에 새로운 투자자들이 대거 유입되었기 때문입니다. 단일시장이 아니라 글로벌시장이다 보니 유입인구와 유입자금이 눈덩이처럼 불어났습니다. 특히 엔, 위안, 원화 등 동아시아 3개국의 비중이 높았습니다. 그렇기 때문에 갑자기 어떤 이유로든 이들 통화에서 투자자가 빠져나갈 경우 가상통화시장은 한순간에 고꾸라질 수 있습니다. 금융당국이나 거래소처럼 시장을 지켜보는 사람이 없다 보니 소문에 취약합니다. 주식시장보다 리스크가 더 크다는 의미입니다.

중국의 채굴 비중이 커지면서 중국발 우려도 커졌습니다. 중국은 전 세계 가상통화의 40~50%를 채굴하는 것으로 알려져 있습니다. 특히 BTC.com, AntPool, ViaBTC, BTC.top 등은 비트코인 채굴량의 절반을 캐내고 있습니다. 중국정부의 의도이든, 시장의 의도이든 비트코인 시세에 미치는 중국의 영향이 클 수밖에 없습니다.

가상통화 투자에 반대하는 사람은 역사상 반복되어왔던 버블에 주목합니다. 유시민 작가는 "인간이 참 어리석다는 것을 새삼 느낀다"라고 말하기도 했습니다. 매번 속아왔던 것인데, 또 속느냐는 의미입니다. 유 작가는 "17세기 튤립버블의 21세기형 글로벌버전"이라고도 했습니다.

튤립 한 송이가 호화 저택 한 채

튤립버블은 근대 경제사에 기록된 첫 버블입니다. 경제사학자인 UCLA의 얼 톰슨 교수에 따르면 1636년 11월부터 이듬해 2월까지 3달 만에 튤립의 옵션 가격은 20배 이상 뛰었습니다.[6] 튤립 한 송이 가격이 3천 길더에 달했는데, 당시 배 한 척 또는 호화 저택 한 채 가격에 맞먹었습니다. 아무리 꽃이 예뻐도 그렇지 한 송이 가격이 집 한 채 가격이라는 게 말이 되지 않지만, 그때는 말이 되었습니다. 튤립은 재배하기 힘든 꽃이었습니다. 희귀한 튤립을 보유한 사람은 부자로 인식되었습니다. 처음에는 부자들만 갖는 꽃으로 한정되었습니다.

문제는 대출이었습니다. 대출업이 확대되면서 돈을 빌릴 수 있게 되었고, 빌린 돈으로 꽃을 사서 차익을 남길 수 있는 길이 열리게 되었습니다. 너나없이 돈을 빌려 튤립을 사려고 하면서 수요가 확대되었습니다. 사람들이 몰리면서 가격이 급등했고, 큰 차익을 기대하면서 또 다른 사람들이 몰려들었습니다. 전형적인 폰지사기 형태로 전락해갔습니다.

급등하던 튤립 가격은 단 한 번에 빠져버렸습니다. 1637년 2월 고점을 찍은 뒤 꺾이기 시작한 가격은 불과 4개월 만에 99.99% 폭락했습니다. 원래 가격으로 돌아갔다는 이야기입니다.

튤립광풍으로 네덜란드 사회는 풍비박산이 났습니다. 사람들은 비로소 버블의 무서움을 알게 되었습니다. 하지만 공포는 오래가지 못했습니다. 100여 년이 지난 1720년 인류사에 기록된 첫 번째 금융버블 사건이 터집니다. 바로 '남해주식회사 버블South Sea Bubble'입니다.

남해주식회사는 아프리카 노예를 스페인령 서인도 제도로 보내기 위해 1711년 영국에서 설립된 회사입니다. 당시 '주식회사'는 국영회사를 의미했습니다. 남해주식회사의 주가는 1720년 1월 100파운드에서 6월 1,050파운드까지 치솟았습니다. 그런 뒤 대폭락했습니다. 당시 돈을 잃었던 대표적인 투자자 중 한 명이 아이

작 뉴턴입니다. "천체의 움직임은 계산할 수 있어도 인간의 광기는 측정할 수 없었다"라는 명언을 남긴 것도 이때입니다.

버블은 반복되었습니다. 1920년대 버블은 1929년 대공황으로 이어졌습니다. 2001년 미국에서 닷컴버블이 발생했다 곧 터졌습니다. 2000년 중반 부동산 버블은 2008년 글로벌 금융위기의 도화선이 되었습니다. 잊을 만하면 달콤한 버블이 발생하고, 그 버블로 인해 고통을 받는 형태가 지난 400년간 계속되어온 셈입니다. 상당수 경제학자들은 가상통화 버블을 그런 연장선상에서 바라봅니

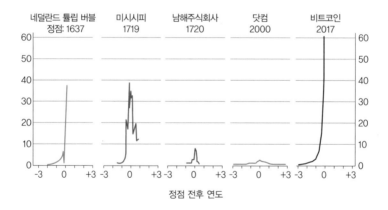

역사적인 자산 버블

출처: 첫 금융버블에서의 새로운 증거(New Evidence on the First Financial Bubble), Rik Frehen, William Goetzmann, Geert Rouwenhorst; 유명한 첫 버블들(Famous First Bubbles, Peter Garber; Thomson Reuters

자료: 한화투자증권

다. 경험으로 볼 때 가상통화 버블은 결국 꺼질 것으로 보입니다.

BIS의 아구스틴 카르스텐스 총재는 2018년 2월 독일 괴테 대학교에서 가진 연설에서 이렇게 말했습니다. "비트코인은 거품(버블)과 폰지 체계 그리고 환경재앙을 합쳐 놓은 것이다."

노벨경제학상을 수상한 폴 크루그먼 교수도 가상통화의 미래를 밝게 보지 않습니다. 그는 2018년 2월 〈뉴욕타임스〉에 기고한 글에서 "현시점에서 누군가 나에게 비트코인 투자를 해야 하냐고 묻는다면 하지 말라는 것이 나의 대답이다. 비트코인은 곧 비참한 결말을 맺을 것이고, 이 결말은 빠를수록 좋다"라고 말했습니다.

기술적인 측면에서도 '가상통화는 버블'이라는 주장이 있습니다. 블록체인 기술 발달이 생각만큼 빨리 발전하지 않을 것이라는 이유에서입니다. 블록체인은 이미 30여 년 전에 나온 기술이지만 이제야 금융 분야에서 응용 분야를 찾았다는 주장이 있습니다. 비유하자면 블록체인은 고속도로와 같은 인프라이고, 가상통화는 그 위를 달리는 수많은 자동차 중 하나입니다. 암호학 기술을 모르는 사람들이야 열광하지만 막상 개발자의 입장에서 보면 대중화될 정도의 진보를 이루는 게 쉽지 않다는 이야기입니다.

블록체인이 해킹 불가능한 기술이라는 믿음도 과장되었다는 지적이 있습니다. "뚫을 수 없는 암호는 없다"라는 에드거 앨런 포의 말처럼 어떤 시스템이든 허점은 있다는 것입니다. 어떠한 이유든지 블록체인이 해킹되면 블록체인 기반의 기술에 대한 신뢰가 일시에 붕괴될 수 있습니다. 그렇다고 블록체인 전체가 허수가 되지는 않겠지만, 기술의 진보는 상당히 지체될 수밖에 없습니다.

블록체인 기술의 진보에 결정적 변수는 결국 사람입니다. 사람들이 원하면 기술 진보가 더 빨라질 것이고, 원하지 않으면 느려질 것입니다. 해킹의 경우도 전문가들은 블록체인 기술 자체의 취약점보다는 '사람'을 주목합니다. 블록체인 기술을 고안하는 데참여한 내부자가 역설적이게도 가장 리스크한 인물입니다.

역대 해킹 사례는 대부분 의도적이든, 의도적이지 않든 내부자와 관련되어 있습니다. 전자상거래 보안체계인 보안소켓계층ssL은 가장 고난도 암호기법으로 알려져 있었지만 미국 국가안전보장국NSA이 자신들만 드나들기 위해 마련해놓은 뒷문을 통해 해커들이 침입했습니다. NSA의 실수였던 것인지, 의도적으로 열어둔 것인지는 확인할 수 없었습니다.

비트코인의 경우 누구인지도 모르는 개발자가 너무 많은 비트코인을 보유하고 있다는 것도 문제입니다. 익명의 개발자가 어느날 매도하여 차익실현을 해버리면 비트코인은 한순간에 무너질수도 있습니다. 비트코인 가격을 6천 달러로 봤을 때, 개발자로 알려진 사토시 나카모토가 보유한 비트코인은 98만 비트코인으로약 59억 달러(약 6조 6,820억 원)에 달합니다. 이는 〈포브스〉가 집계한 세계 부자 247위로 이재용 삼성전자 부회장급입니다.[7]

블록체인 기술에 대한 사회적 거부감도 기술 확산에 만만치 않은 장애물입니다. 블록체인 기술은 잠재적으로 이 땅의 모든 중개인의 밥그릇을 빼앗을 수 있습니다. 부동산중개인, 세무사, 회계사, 은행은 물론이고 온라인과 오프라인의 중간 유통상도 종말을 고하게 됩니다. 장기적으로는 가상통화 거래소도 사라집니다. 기존의 일자리가 급격히 사라지는 것을 사회가 용인할 수 있겠는가라는 질문이 나옵니다. 기득권 사회의 처절한 저항이 시작될지도 모릅니다. 법으로 제도화되어 제도권으로 편입되기까지 최대한 늦추려고 할 것이기 때문에 상용화까지는 생각보다 시간이 많이 걸릴 수도 있습니다. 블록체인 세계를 너무 장밋빛으로만 봐서는 안 되는 이유입니다.

이런 점을 고려하면 가상통화가 아무리 잠재적 가치가 크다고 하더라도 현재의 시점에서 블록체인의 가치가 1비트코인당 1천만 원이 넘어설 정도는 아니라는 것이 가상통화 신중론자들의 주장입니다.

"가상통화는
미래다"

튤립에는 미래가치가 없다

"1비트코인이 1천만 원? 무슨 말도 안 되는 소리. 두고 봐라. 한 달 안에 가치가 폭락할 거다. 내재적 가치가 없는데 가격이 그렇게 형성될 수가 없다. 내 친구가 1천만 원 투자해서 10억 원을 벌었다고 해서 (배가 아파서) 하는 소리가 아니다."

2017년 12월, 겨울바람이 매서웠던 세종시 한 주점에서 만난 기획재정부 고위관료 A씨는 이렇게 말했습니다. 1비트코인이 1천만 원을 막 넘어서던 시점이었습니다. 보름쯤 뒤 정부는 가상통화에 대한 첫 대책을 내놓았습니다.

박상기 법무부장관이 거래소 폐쇄를 처음으로 언급하면서 가상화폐 가격이 급락했습니다. A씨의 말이 맞는 듯했습니다. 하지만 폭락했던 가상화폐 가격은 이튿날 반등했고, 연초가 되자 2,400만 원까지 치달았습니다. 놀란 정부의 강경 발언이 이어졌고, 비트코인은 1천만 원대까지 하락했습니다. 주요국들의 가상화폐 규제 움직임에 글로벌시장에서도 비트코인은 1만 달러가 무너졌습니다. "1만 달러가 무너지면 투매가 벌어질 것"이라고 했지만, 그런 일은 일어나지 않았습니다.

과거의 경험에 기초한다면 가상통화는 버블에 가까워 보입니다. 하지만 이에 반박하는 의견도 많습니다. 가상통화는 튤립과 달리 미래기술입니다. 미래기술의 성장성을 보자면 내재가치가 있다는 것입니다. "블록체인과 가상화폐는 어떻게 진화할지 모른다. 심지어 이를 만든 사람도, 거래하는 사람도 모른다"고 카이스트 정재승 교수는 말합니다.

가상통화는 금융이면서 기술이라는 것이 예측을 어렵게 합니다. 경제학자나 금융학자의 예측을 때로는 넘어설 수 있다는 것입니다. 경제학자와 금융학자는 현재나 과거의 경험을 바탕으로 세상을 분석합니다. 경제학자가 성급하게 미래를 예측했다가 망신을 당한 사례가 있습니다.

구글이 태동하던 1998년 한 경제학자가 말했습니다.

"2005년쯤 되면 인터넷이 경제에 미친 영향이 팩스보다 대단하지 않다는 사실이 분명해질 것입니다."

그는 노벨 경제학상 수상자인 폴 크루그먼 교수입니다. 3년이 지나지 않아 미국은 닷컴버블로 빠져듭니다. 폴 크루그먼 교수의 실수는 인터넷 기술진보를 잘못 예측했다는 점입니다. 고속 인터넷의 등장과 이에 따른 다양한 콘텐츠의 개발, 스마트폰과의 연동으로 이어지는 기술적 측면을 그는 몰랐습니다. 그의 머릿속에는 1998년까지의 인터넷 인프라가 지배하고 있었을 것이 틀림없습니다. 아이러니하게도 가상화폐에 가장 부정적인 경제학자도 폴 크루그먼 교수입니다.

2018년 2월 〈뉴욕타임스〉에 기고한 글에서 그는 "비트코인은 거품, 사기, 골칫거리"라고 말했습니다. 비트코인이 결제수단으로서 장점이 없다고 단언했습니다. 비트코인은 투박하고, 속도가 느리며, 비용 효율성이 좋지 않다는 것입니다. 또 거래내역을 알 수 없어 마약, 성매매 등 암시장에서 선호하는 것도 약점이라고 덧붙였습니다. 폴 크루그먼 교수는 "모든 거래에서 자유롭게 사용 가능한 디지털 현금이 아니라 일반적인 거래에서는 사용하기 힘든 100달러짜리 수표와 같다"라고도 했습니다.

현재 비트코인은 10분에 한 번씩 세상에 나옵니다. 거래들을 블록화해 검증하는 데 기본적으로 이만큼의 시간이 든다는 의미입니다. 블록에 담을 수 있는 정보의 양이 한정되어 있어 처리 속도를 앞당기는 것이 어렵습니다. 하우머치닷넷howmuch.net이 분석한 결과를 보면 비트코인은 1초당 7건을 처리하는 데 그쳤습니다. 비자카드의 2만 4천 건 처리와는 비교가 안 되는 수치입니다. 비트코인은 갈수록 생성이 적게 되도록 설계되어 있습니다. 처리 속도가 더 떨어질 수 있다는 뜻입니다. 반면 같은 거래 건수를 처리하는 데 드는 전기량은 비자카드에 비해 최고 30배까지 듭니다. 거래를 검증하는 데 엄청난 비용이 드는 것입니다. 이래서는 기존의 결제 시스템과 경쟁이 되지 않습니다. 폴 크루그먼 교수의 말처럼 투박하고, 속도가 느리며, 비용 효율성이 좋지 않습니다.

블록체인은 어디로 진화할지 모른다

하지만 블록체인 기술의 발전은 생각보다 빠릅니다. 블록체인 기술은 1세대, 2세대를 거쳐 3세대를 향해 달려가고 있습니다. 비트코인의 블록생성 시간은 10분이지만, 이더리움은 14초, 이오스 EOS는 4초입니다. 블록생성 시간이 짧아지는 만큼 처리 속도는 빨라졌습니다. 이더리움은 초당 20건, 대쉬dash는 48건, 비트코인 캐쉬cash는 60건을 처리합니다. 리플은 1,500건까지 처리할 수 있습니다. 아직은 비자카드 결제에 미치지 못하지만 비트코인에 비하면 200배나 빠릅니다. 리플은 은행 간 송금을 위해 개발되고 있는 블록체인 기술입니다.

중남미에서 가장 큰 은행인 브라질의 이타우 은행Itau Unibanco은

리플넷의 국제송금 시스템을 도입하기로 했습니다.[9] 또 인도의 인더스인드 은행IndusInd bank, 브라질의 비테크Beetech, 캐나다의 집 레밋 Zip Remit 등도 이 프로젝트에 참여합니다.

처리 속도가 빨라지면 전력소모량도 줄어들 것입니다. 1990년 대 중반만 해도 인터넷을 통해 1MB를 전송하는 것이 힘들었습니다. 1GB는 꿈도 못 꾸었습니다. 지금은 GB도 몇십 분이면 전송이 가능합니다. 블록체인의 처리 속도에 대한 불만은 "인터넷은 느려 터져서 결코 사용되지 못할 거야"라고 불만을 토로하면서 인터넷의 종말을 예고하는 것과 같습니다.

3세대 블록체인은 처리 속도만 빨라지는 것이 아닙니다. 새로운 기능을 탑재했습니다. 2세대 블록체인으로 불리는 이더리움은 '스마트 계약Smart Contract'을 얹었습니다. 스마트 계약은 사용자 간 계약을 프로그래밍을 통해 자동으로 실행시킵니다. 계약을 집행하거나 신뢰를 제공할 제3자가 없이도 다양한 계약을 구현할 수 있습니다. 분산원장을 활용해 제3자가 반드시 검증을 해주어야 하기 때문에 자체 계약을 할 수 없었던 비트코인보다 발전했습니다. 제3세대 블록체인인 이오스, 에이다ada 등은 내부에 시스템 업그레이드를 위해 합의를 도출하는 의사결정 기능을 탑재하고 있습니다. 자체 의사결정 기능이 없어 빈번히 하드포크[10]를 해야 했던 비트코인, 이더리움 등과 다릅니다.

그렇다면 블록체인을 도대체 어디에 쓸 수 있을까요? 이미 결제

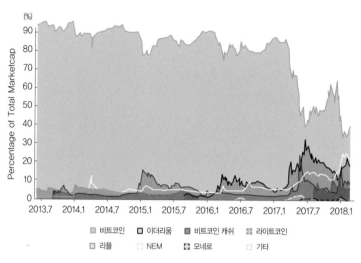

총 시가총액에서 차지하는 주요 가상통화의 비중

범례: ■ 비트코인   □ 이더리움   ■ 비트코인 캐쉬   ▥ 라이트코인
□ 리플   ▢ NEM   ■ 모네로   □ 기타

자료: 코인마켓캡

에 유용할 수 있다고 밝힌 바 있습니다. 또 다른 금융 분야인 대출과 저축에도 응용 가능합니다. 대출과 저축을 할 때 중개인(금융결제원)을 거치지 않고 은행과 소비자가 직접 거래하면 됩니다.

부동산매매, 농수산물거래 등과 같은 거래 분야에도 큰 영향을 미칩니다. 중개인이나 농협 등을 거치지 않아도 되기 때문입니다. 인증에도 유용합니다. 블록체인에 디지털 서명을 연결하면 각종 계약을 안전하게 체결·관리할 수 있습니다. 수많은 서류가 오가야 하는 해운물류 분야는 상당 부분 기술 개발이 이루어지고 있습니다. A에서 B로 수출할 때는 인증을 위해 100여 개의 각종 서류들이 필요합니다. 블록체인 기술이 발전하면 인증기관을 통하지 않고 거래 당사자끼리 빠르고 쉽게 거래할 수 있습니다. 물류업계는 이에 따른 물류비용 절감 효과가 20%는 될 것으로 보고 있습니다.

에너지 분야에서 스마트그리드smart grid[11]를 구축하는 데 블록체인은 제격입니다. 전력거래소를 통할 필요 없이 전력공급자와 수요자를 낮은 수수료로 연결시켜줄 수 있기 때문입니다.

자율주행자동차에도 적용됩니다. 자율주행자동차를 운영하려면 차량과 도로 간 송수신해야 하는 데이터들이 많습니다. 블록체인을 활용하면 중앙시스템을 통하지 않고 차량과 도로 간 직접 송수신이 가능하기 때문에 빠르고 많은 양의 정보를 즉시 처리할 수 있습니다.

토요타는 이미 블록체인을 활용한 IoT 기술 개발에 나서고 있습니다. 카쉐어링도 유용해 보입니다. 업체와 사용자가 블록체인으로 연결되어 직거래하면 훨씬 빠르고 값싸게 차를 빌려 탈 수 있습니다.[12]

음원, 영화, 신문기사 같은 저작권 분야도 수혜를 받을 수 있습니다. 지금은 음원을 팔려면 결제시스템을 가진 회사들에게 많은 수수료를 줘야 합니다. 이래서는 소액결제가 활성화되기 어렵습니다. 하지만 블록체인 시스템에서는 저작권자와 소비자가 낮은 수수료로 직거래를 할 수 있습니다.

블록체인은 사회제도도 바꿉니다. 특정인이 조작하기 어려워 위변조가 쉽지 않다는 특징이 있기 때문입니다. 대표적인 것이 전자투표입니다. 현행 전자투표는 정부가 주도하는 중앙시스템(서버)을 통해야 합니다. 그렇기 때문에 정부를 믿지 못할 경우 이 시스템을 도입할 수 없습니다. 하지만 블록체인시스템에서는 중앙서버 없이 투표자들끼리 신뢰를 갖고 결과를 집계할 수 있습니다.

블록체인 특성상 '빅브라더'가 조작하기도 어렵거니와 그럴 수 있다고 해도 쳐다보는 사람이 많아 개입하기 어렵습니다. 또 블록체인은 보안에 탁월한 능력이 있는 만큼 전자시민증, 민감한 의료 데이터 통합 관리에도 유용합니다. 에스토니아는 2015년 12월부터 블록체인과 연계한 전자시민권e-residency제도를 시행하고 있습니다. 향후 결혼, 계약, 출생증명 등을 공증하는 신원서비스도 실시할 예정이라고 합니다.[13]

블록체인이 꿈꾸는 세상은 무궁무진합니다. 어떻게 상상하느냐에 따라 세상이 달라질 수 있습니다. 블록체인은 중앙시스템을 구축할 필요가 없기 때문에 거래비용이 절감되고, 해킹 등의 우려가 없으며, 신속한 처리가 가능합니다. 2016년 다보스포럼에서 블록체인은 미래를 바꿀 혁신기술로 4차산업혁명을 주도할 것으로 전망되었습니다. 2027년 전 세계 총생산의 10%가 블록체인 기술을 기반으로 저장될 것이라고 예측되었습니다.

그런데 여기에서 질문이 생깁니다. 블록체인 기술을 발전시키기 위해 꼭 가상통화가 필요하느냐는 것입니다. 가상통화가 없다면 블록체인 기술이 발전할 수 없을까요? 정부는 "가상화폐와 블록체인은 한몸이 아니다"라고 정리했습니다. 가상통화 거래는 규제하되 블록체인은 육성하겠다고 방향을 잡았습니다.

블록체인과 가상통화를 따로 볼 수 있을까?

하지만 정부의 생각대로 될지는 의문입니다. 블록체인 기술에서 가상화폐는 '경제적 유인'입니다. 경제적 유인 없이 어떻게 기술이 발전할 수 있느냐는 반론이 존재합니다. 블록을 생성해 거래가 합당한 것인지를 확인해주는 역할은 익명의 제3자가 합니다. 보상도 없는데 자기 돈과 시간을 들여 이 작업을 수행할 제3자가 어디 있겠냐는 것입니다. 물론 아주 도전적인 사람이나 공공기관이 선의로 수행해줄 수는 있습니다. 그러나 거래량이 방대해진다면 그마저도 물리적으로 어렵습니다.

블록체인에는 프라이빗private 블록체인과 퍼블릭public 블록체인이 있습니다. 퍼블릭 블록체인은 익명의 대중에게 열려 있는 블록체인입니다. 프라이빗 블록체인은 시스템에 같이하기로 사전에 약속한 사람들만 참여하는 블록체인입니다. 그러니까 퍼블릭 블록체인은 인터넷, 프라이빗 블록체인은 인트라넷과 비슷합니다. 가상화폐 거래를 막아 대중에게 경제적 유인이 제공되는 길을 막을 경우 퍼블릭 블록체인은 동력을 잃을 가능성이 큽니다. 인터넷은 발달하지 못하고 인프라넷만 활성화된 상태에서 IT산업이 발달할 수 있을까요? 구글, 페이스북, 아마존 없이 출연할 수 없는데 말입니다.

물론 기술은 우리가 예상하는 대로 움직이지 않습니다. 언제나 예상하지 못한 변수가 있습니다. 킬러애플리케이션killer application이 생겨나 '대박'을 터트리는 경우가 있습니다. 그러면 가상통화 거래로 수익을 얻는 것을 기대하기보다 애플리케이션 제작에 투자해 수익을 얻으려는 노력이 더 커질 수 있습니다.

박성준 동국대학교 블록체인연구센터장은 "블록체인은 발전 가능성이 무궁무진한 초기 단계 기술로 이것이 바로 가상화폐의 내재적 가치"라며 "거래 체계 전체를 뒤흔들 기술에 대해 높은 가치가 붙는 것은 투기가 아닌 투자"라고 말했습니다.

그렇다고 정신없이 날뛰는 가상통화 거래 생태계가 정상이라는 의미는 절대 아닙니다. 분명히 과열되어 있고, 거품 가능성이 높다는 데는 규제 반대론자들도 공감합니다. 적절한 규제가 없어 주식보다 더 과열될 우려가 있다는 점은 잊지 말 것을 전문가들은 권고합니다.

이베스트투자증권의 송치호 연구원은 가상통화 투자를 위한 6대 조언을 제시했습니다.

1. 가상통화는 '0'NO 또는 '1'YES이 될 수 있는 속성을 가진 자

산이다. YES가 되어서 수익을 낼 수도 있지만 NO가 되어서 0이 될 수도 있다.

2. 가상통화에 대한 투자는 전체 자산의 10% 미만으로 국한해야 한다.

3. 알트코인은 초고위험, 초고리스크 투자다. 화이트페이퍼를 자세히 읽어 실제 코인의 역할을 살펴봐야 한다.

4. 레딧Reddit, 스테이트오브디앱스StateOfTheApps 등의 다양한 관련 웹사이트를 통해서 본인이 관심 있는 가상통화의 프로젝트 진행 상황을 살펴봐야 한다.

5. 비트코인도 본격적인 가격 조정시 80%까지 조정을 받은 경험이 있다. 성장 가능성이 큰 가상통화가 있더라도 급격한 조정이 발생할 가능성이 없다고 생각하지 말자.

6. 상당 시간을 들여 가상통화 공부를 하기 전에는 본격적인 투자를 금하자. 공부가 되어 있지 않으면 조정에 못 버틴다.[14]

정부는 가상통화를 싫어한다

블록체인을 기반으로 한 가상통화를 반대하는 세력은 누구일까요? 가상통화 지지론자들은 정부를 주적으로 꼽는 데 주저하지 않습니다.

사토시 나카모토가 비트코인 논문을 공개한 것은 2008년 10월이고, 첫 블록이 생성된 것은 2009년 1월입니다. 비트코인은 금융위기 때 태어났습니다. 금융위기는 금융당국에 대한 불신이 절정에 달할 때였습니다. 개인은 돈을 찍어내는 정부(중앙은행)를 결코이길 수 없었습니다. 위기가 오면 서민이 제일 먼저 어려웠습니다. 정부와 거물 금융인들은 공적자금을 통해 여전히 부를 누렸습니다. 금융위기 당시 서민들은 자신이 가졌던 집을 내놓아야 했지만골드만삭스 등은 풍성한 성과급을 받아갔습니다. 불신은 '월가를 점령하라'로 이어졌습니다.

더이상 통화를 정부에 맡겨서는 안 된다고 생각할 때 비트코인이 출연했습니다. 절묘했습니다. 비트코인이 태동한 초창기, 잠자고 있던 블록들을 세상에 꺼낸 것은 '반사회적인 성향'의 해커그룹이었습니다. 사토시는 온라인에서 사라지기 전 "비트코인은 리버테리언(libertarian, 자유지상주의자)에게 매우 매력적인 존재일 것"이라는 말을 남겼습니다.[15]

가상통화 지지론자들은 블록체인을 기반으로 한 가상통화가 정부로부터의 통화독립을 이루어줄 대안이 될 것이라 믿고 있습니다. 이런 '발칙한 통화'를 정부가 그대로 둘 리 없습니다. 중국정부가 가상화폐 규제에 적극적으로 나선 것은 중국인의 도박 성향에 대한 우려도 있지만 정부가 통제할 수 없는 화폐의 유통을 민감하게 생각하기 때문이라는 분석도 있습니다.

베네수엘라의 반동

하지만 지구 반대편에서는 정부가 주도해 가상화폐를 만들고 있습니다. 베네수엘라 정부는 2017년 12월 3일 가상통화 '페트로petro'를 발행했습니다. 페트로는 금, 원유, 가스, 다이아몬드 등 매장자원으로 담보되는 정부발행 가상통화입니다. 베네수엘라 정부는 페트로 3,480만 개를 이더리움 기반으로 판매 개시했습니다.

페트로는 달러 등 기축통화나 비트코인 등 다른 가상통화로 구매 가능했습니다. 베네수엘라 정부는 첫날 7억 3,500만 달러의 자금이 모집되었다고 밝혔습니다. 베네수엘라가 가상화폐를 도입한 것은 달러 유동성 위기를 타개하기 위해서였습니다. 세상 모든 돈의 기준은 달러입니다. 국제거래의 표준화폐가 달러이기 때문입니다.

국가의 유동성위기라는 것은 '달러를 구하기 어렵다'는 말과 동격입니다. 2018년 기준 베네수엘라의 부채액은 총 1,400억 달러지만 자신들이 보유한 외환은 96억 달러에 불과했습니다. 달러 부족에 환율은 요동쳤습니다. 2018년 1월 정부가 사용한 공식환율DIPRP은 달러당 10볼리바르지만 암시장에서는 달러당 26만 볼리바르까지 폭등했습니다. 국제외환시장에서 달러를 조달하기가 사실상 어려워졌습니다.

그래서 생각해낸 것이 가상통화 페트로입니다. 페트로를 팔아 달러를 구하겠다는 것입니다. 가상통화 페트로 1개는 60달러입니다. 총 1억 개를 발행할 예정입니다. 페트로의 직접 판매는 3,840만 개, 화폐공개ICO는 4,400만 개이며, 나머지는 베네수엘라 통화감독기구가 소유할 예정입니다. ICO 이후 페트로는 베네수엘라 원유 1배럴 가격에서 10% 이상 할인된 가격으로 거래됩니다. 조달된 자금은 국부펀드, 기술발전, 페트로 프로젝트, 생태계 개발 등에 사용됩니다. 페트로 거래 내역은 블록체인 네트워크에 기록됩니다. 정부는 세금납부, 공공서비스 이용 등에 페트로 이용을 독려할 방침입니다.

페트로 발행이 성공적으로 끝나면 베네수엘라 정부는 약 60억 달러를 조달할 수 있습니다. 2018년 기준 자신들이 보유한 외환보유액의 2/3 수준입니다.

마두로 베네수엘라 대통령은 첫날 7억 3,500만 달러 모금에 성공했다고 밝혔지만 근거는 제시하지 않았습니다. 국제적인 시각도 부정적입니다. 페트로 발행 계획이 임시방편에 불과하고, 경제를 살리는 데 도움이 안 될 것이라는 것입니다.

베네수엘라의 페트로 발행은 글로벌 세계질서에서 '반제도적'입니다. 달러패권을 가진 미국의 경제제재에 대응하는 전략이기 때문입니다. 미국 재무부가 성명을 통해 "페트로에 대한 투자는 베네수엘라 정부에 대한 채무 연장으로 미국 경제제재에 반하는 행위로 법률리스크가 크다"며 "무능한 정부의 버블을 통한 금융

지원bail-out"이라고 혹평했습니다. 페트로를 사지 말라는 사실상의
경고입니다.

반달러 연합, 출현할까?

　그럼에도 불구하고 베네수엘라의 실험을 흥미롭게 지켜보는 눈
은 많습니다. 달러에 예속될 수밖에 없는 국제금융의 한계를 극복
할 수 있는 대안이 되기 때문입니다. 달러패권에 도전하려는 러시
아와 중국의 관심은 더 큽니다. 당장 크립토루블(가상루블), 크립
토위안(가상위안) 이야기가 나오고 있습니다. 현실적으로 미국의
경제제재를 받고 있는 러시아, 이란 등과 구 소비에트연방 국가
들, 사회주의 국가들이 공동보조를 맞출 가능성은 있습니다. 러시
아는 브라질, 중국, 인도, 소비에트연방 국가들과 함께 공동화폐를
발행하는 안을 검토중입니다.[16]

　경제적 의미로도 국가단위 가상통화를 검토하는 곳이 있습니
다. 스웨덴입니다. 화폐사용이 급속히 감소하면서 2020년께 'e-크
로나' 발행을 검토하고 있습니다. 에스토니아도 에스트코인estcoin을
발행하겠다고 밝혔습니다.

　중앙은행들도 맞불을 놓고 있습니다. 중앙은행 중의 중앙은행
이라 불리는 BIS는 가상통화의 버블에 경고를 보내면서도 2017년

각국 중앙은행에 가상통화 발행을 검토하도록 권고했습니다. '반사회적인' 민간주도 가상통화의 부상을 그냥 지켜보다가 자칫 금융권력을 통째로 넘겨주는 우를 범할 수 있다는 우려가 배경에 깔려 있습니다. 각국 중앙은행이 나설 경우 '통화독립'을 내세우며 출현한 가상통화가 결국은 정부의 규제 아래 놓일 가능성이 큽니다. 정보의 자유로운 유통을 외치며 탄생한 인터넷이 정부의 규제를 벗어나지 못한 것처럼 말입니다.

어쨌거나 가상통화가 국제적으로 통용된다면 기축통화로서 달러의 힘은 지금과 같지 않을 가능성이 큽니다. 경제적·군사적으로 쇠락의 길을 걷고 있는 미국의 마지막 '믿을맨'인 달러가 쓰러지면 미국의 시대도 끝이 납니다. 가상통화의 출현을 막을 수 없다면 미국은 달러와 연동되는 가상통화로 유도할 것이 분명합니다. 미국의 달러가 기축통화 역할을 한 것은 1946년 브레턴우즈 체제 이후입니다. 1971년 닉슨선언 이후 달러는 미국의 신용으로 발행되었습니다. 현행 통화제도의 역사가 50년도 안 되었다는 이야기입니다.

그 50년이면 금융시스템을 새로 쓰기에 충분한 시간입니다. 50년 뒤 세계 금융질서는 누가 어떤 돈으로 주도할까요. 그리고 그 변화가 2009년 가상통화 출현으로부터 시작이 되었을까요. 상상해 보는 것만으로도 흥미롭습니다.

가상통화에 대한 견해가 극과 극을 달리는 것은
가상통화의 실체를 정확히 아는 사람이 없기 때문입니다.
심지어 비트코인을 만든 사람조차도
어떻게 진화해나갈 것인지 알 수 없습니다.

매출액 200조 원, 영업이익 50조 원의 삼성전자는 독보적인 글로벌 기업입니다. 그러나 완벽한 것은 아닙니다. 오너리스크 문제도 있고 모바일과 반도체 분야에서 중국의 추격도 예사롭지 않습니다. 삼성전자도 노키아의 전철을 밟게 될까요? 삼성전자는 위기 때마다 성장을 했습니다. 삼성바이오로직스를 통해 바이오 분야로 재빨리 진출하고 있습니다. 하지만 대마불사의 시대는 이미 끝났습니다. 거대 공룡인 삼성전자가 균형을 잃는다면 한순간에 쓰러질 수도 있습니다. 반도체 성공신화에 가려서 그렇지 삼성이 실패한 사업이 많습니다. 요즘 대학생들이 가장 취업하고 싶은 기업은 네이버, 카카오 같은 ICT 기업이나 CJ 같은 문화콘텐츠 기업입니다. 삼성전자가 어려워지면 한국경제도 동반 몰락할까요? 아니면 중소기업 중심으로 구조가 재편될까요?

5장

대한민국 대표기업
삼성전자는
흥할까, 망할까?

"삼성은 절대로 망하지 않을 것!"
vs.
"대마불사는 없을 것!"

런던의 심장을 빛내는 한국 1등 기업

1994년 영국 런던의 심장부인 피카딜리서커스. 파나소닉의 광고가 내려가고 삼성전자의 광고가 내걸렸습니다. 파나소닉이 어떤 기업인가요. 1935년 창업한 파나소닉은 소니, 샤프 등과 함께 일본 전자왕국을 대표하는 주자였습니다. 삼성전자가 이런 기업의 간판을 끌어내렸으니 한국기업의 약진과 일본기업의 퇴보를 상징하는 역사적인 순간이라 할 만했습니다.

런던을 방문하는 한국인들이라면 으레 피카딜리서커스의 삼성전자 광고판 앞에서 사진을 찍었습니다. 기분은 꽤 뭉클했습니다. 피카딜리서커스는 런던에서 가장 번화한 상업지구입니다. 미국 뉴욕의 타임스퀘어와 함께 세계 2대 옥외광고 명소로 불립니다. 피카딜리서커스의 야경을 즐기기 위해 찾아오는 관광객만 연간 3,400만 명에 달하는 '런던의 심장'입니다.

사람들은 삼성전자의 약진이 '반짝'에 그칠 것이라 봤습니다. 하지만 그 전망은 보기 좋게 빗나갔습니다. 그 후 20여 년. 삼성전자는 일본 가전회사 전체의 수익을 합친 것보다 많이 버는 회사가 되었습니다. 삼성전자의 연 매출액은 240조 원에 달합니다. 이는 한국 국내총생산(1,600조 원)의 15%에 해당합니다. 영업이익은 더

2017년 100대 상장사 회계연도 연결 실적

(단위: 조 원)

순위	회사명	매출액	영업이익
1	삼성전자	239.5	53.6
2	현대자동차	96.3	4.6
3	SK	93.8	5.9
4	LG전자	61.4	2.5
5	포스코	60.7	4.6
6	한국전력	59.8	5
7	기아자동차	53.5	0.7
8	SK이노베이션	46.8	3.2
9	KB금융지주	39.2	4
10	하나금융지주	39.2	2.7

자료: 재벌닷컴

코스피 시총비중

(단위: %)

기업	비중
삼성전자	26.12
SK하이닉스	5.34
셀트리온	3.47
포스코	2.71
현대차	2.51
KB금융	2.47
네이버	2.28
신한지주	2.05
LG화학	2.00
현대모비스	1.61

자료: 삼성증권 2018년 3월 7일 종가기준

엄청납니다. 영업이익은 54조 원으로 매출액 기준 10대 상장사를 모두 합친 것보다 많습니다.[1]

삼성전자는 주식시장에서도 절대적인 존재입니다. 코스피 전체 시가총액에서 삼성전자가 차지하는 비중은 26%가 넘습니다. 삼성전자 다음으로 시총 비중이 높은 기업인 SK하이닉스가 5%라는 점을 감안하면 삼성전자의 비중은 놀랍습니다. 주식시장에서는 '삼성착시'라는 말도 나옵니다. 삼성전자의 주식이 오르면 코스피지수가 오르고, 삼성전자의 주식이 떨어지면 코스피지수도 떨어

인터브랜드 '글로벌 100대 브랜드' 상위 10개 회사(2017년 기준)

(단위: 억 달러)

순위	기업명	브랜드 가치
1	애플	1,841
2	구글	1,417
3	MS	799
4	코카콜라	697
5	아마존	647
6	삼성	562
7	토요타	502
8	페이스북	481
9	벤츠	478
10	IBM	468

자료: 인터브랜드

지는 등 삼성에 의해 코스피시장이 좌우되는 것을 말합니다. 삼성
이 호황이면 주식시장도 호황인 것처럼 보이고, 삼성이 불황이면
주식시장도 불황인 것처럼 보일 정도입니다.

삼성전자의 글로벌 위상 역시 국내 기업 중에서는 독보적입니
다. 인터브랜드의 '글로벌 100대 브랜드' 자료를 보면 삼성의 브랜
드 가치는 562억 달러(65조 5천억 원)로 2017년 기준 세계 6위입니
다. 토요타, 페이스북, 벤츠, IBM보다 앞섭니다.[2] 삼성전자의 브랜
드 가치는 거의 매년 높아졌습니다. 2011년 17위에서 2012년 9위

로 첫 톱10에 들었습니다.

이쯤해서 발칙한 상상을 해보겠습니다. 세상에 영원한 것은 없습니다. 삼성전자라고 영원할 수 있을까요. '한 해 영업이익만 50조 원을 넘기는 회사가 망한다고? 매년 성장하는 회사가 망한다고? 말도 안 돼!'라고 생각할 수 있습니다. 당연합니다. 하지만 전혀 말이 안 되는 것은 아닙니다. 경제사에서는 삼성보다 훨씬 더 경이로웠던 기업 중에서 무너진 기업들도 찾아볼 수 있습니다.

멀리 볼 필요도 없습니다. 노키아가 있습니다. 세계 휴대폰시장에서나, 핀란드 경제에서나 노키아가 차지하는 위상은 삼성전자 이상이었습니다. 2007년까지 핀란드 경제성장의 1/4을 떠맡았고, 전체 수출의 1/5, 전체 법인세의 23%를 담당했습니다. 핀란드 주식시장에서 노키아의 시가총액 비중은 70%에 달했습니다. 핀란드 하면 노키아가, 노키아 하면 핀란드가 떠올랐습니다. 핀란드 경제에 대해 '단일기업 경제one firm economy'라는 말까지 나왔을 정도였습니다.

노키아가 최고 정점에서 망하는 데까지는 2년이면 충분했습니다. 2011년까지만 해도 노키아의 글로벌 휴대폰시장 점유율이 40%를 넘었습니다. 2012년 실적이 급격히 꺾이며 정리해고와 건물매각에 나섰던 노키아는 2013년 9월 휴대전화사업부문을 마이크로소프트에 매각합니다. 이른바 '노키아 쇼크'입니다.

만약 삼성전자에도 같은 일이 벌어진다면 한국경제는 어떻게 될까요. 우선 한국경제가 삼성전자와 함께 침몰할 가능성을 생각해볼 수 있습니다. 삼성전자가 부도나면 계열사들이 무너집니다. 한국기업에 대한 신뢰가 상실되면서 주가는 폭락하고, 환율은 폭등합니다. 수출 축소로 경상수지가 적자로 돌아서고, 국가신용등급이 하향 조정되면서 기업들이 해외에서 자금을 조달하기 어려워집니다. 대폭 증가한 실업으로 인해 내수가 위축되어 자영업자들이 어려워집니다. 깊고 긴 불황이 이어질 수 있습니다. 시나리오에 따라 다르겠지만 단기적으로는 한국경제에 부정적 영향을 미칠 것으로 보는 의견이 많습니다.

하지만 장기적으로 삼성전자의 침몰이 한국 경제구조 개편의 신호탄이 될 수 있다는 기대도 있습니다. 공룡이 쓰러진 뒤 포유류가 출현하고, 산불이 산 전체를 검게 만든 뒤 새싹이 다시 잉태되는 것과 같은 이치입니다. 삼성이 망하더라도 연구 인력들이 같이 순장되는 것은 아닙니다. 연구 인력들은 삼성이라는 울타리에서 벗어나 창업을 하거나 혹은 다른 기업으로 옮겨가 한국경제에 계속 기여할 수 있습니다. 거대 기업의 부재는 역설적으로 중소기업들이 성장할 기회가 될 수 있습니다. 핀란드는 후자의 모습입니다.

과연 어느 쪽일까요?

"삼성이 망한다고?
푸하하"

양과 질, 어느 것 하나 빠질 것이 없다

'삼성이 망할 수도 있을까요?'라는 말은 한국사회에서 참 불경스러운 질문입니다. 연간 매출액이 200조 원이 넘고 영업이익이 무려 50조 원이 넘는 회사에 대해 위기론을 제기하는 것은 공연한 발목잡기로 보이기 십상입니다.

삼성그룹의 주력사인 삼성전자는 매출액과 영업이익의 '양'뿐만 아니라 '질'에서도 매우 우수합니다. 수익구조가 매우 안정적이라는 이야기입니다. 수익이 한쪽으로 몰리지 않고 적절히 잘 분산되어 있기 때문입니다.

삼성전자는 크게 CE(가전), IM(스마트폰), DS(디스플레이, 반도체)

2018년 4월 삼성전자 사업보고서

(단위: 억 원, %)

부문		주요 제품	순매출액	비중
CE 부문		TV, 모니터, 냉장고, 세탁기, 에어컨, 의료기기 등	451,089	18.8
IM 부문		HHP, 네트워크시스템, 컴퓨터 등	1,066,683	44.5
DS 부문	반도체 사업	DRAM, NAND Flash, 모바일AP 등	742,556	31.0
	DP 사업	TFT-LCD, OLED 등	344,654	14.4
	부문 계		1,081,675	45.1
Harman 부문		인포테인먼트, 텔레메틱스, 스피커, 헤드폰 등	71,026	3.0
기타		-	△274,719	△11.5
전체 계			2,395,754	100.00

※ 부문간 매출액 포함기준입니다.(연결기준)　　　　　　　　　[△는 부(-)의 값임)]
※ Harman 부문은 인수일 이후의 실적입니다.

자료: 삼성전자 사업보고서 2018년 4월

로 나눠집니다. CE는 TV, 모니터, 냉장고, 세탁기, 에어컨, 의료기기 등 전통적인 가전 부문입니다. IM은 휴대폰HHP, 네트워크시스템, 컴퓨터 등이 포함됩니다. DS는 램, 낸드플래쉬, 모바일 AP 등 반도체 사업 부문과 TFT-LCD, OLED 등 DP사업 부문으로 구성됩니다.

　2017년 회계연도 사업보고서를 보면 매출액이 스마트폰 44.5%, 반도체 31.0%, 가전 18.8%, 디스플레이 14.4%입니다. 스마트폰의 비중이 높기는 하지만 포트폴리오가 잘 되어 있어 어느 한 분야가 어렵다고 매출액이 크게 줄어드는 구조는 아니라는 이야기입니다.

더욱 강점은 주력인 스마트폰과 반도체의 관계입니다. 삼성전자는 노키아와 달리 반도체 시장지배 사업자입니다. 삼성전자는 반도체를 자사의 갤럭시폰뿐만 아니라 타사의 스마트폰에도 공급합니다. 갤럭시폰이 경쟁에서 밀려 판매량이 줄어들면 자사에 공급하는 반도체 물량이 줄어들지만, 타사 스마트폰의 판매량이 늘어나면서 타사에 공급하는 반도체 물량은 증가합니다. 이러나저러나 반도체 부문은 별로 영향을 받지 않는다는 이야기입니다. 전체 스마트폰 시장이 축소되지만 않는다면 반도체의 공급량도 줄어들 일이 없습니다. 전형적인 '꽃놀이패'입니다.

수익성을 보면 더욱 안정적입니다. 2017년 기준 스마트폰의 영업이익은 전체의 22.0%입니다. 디스플레이 반도체(DS)가 75.2%입니다. 이 중 반도체가 65.6%입니다. 삼성전자 전체 영업이익 54조 원 중 35조 원이 반도체에서 나옵니다. 삼성전자는 스마트폰 회사라기보다 이미 반도체 회사입니다. 전통의 가전 부문 영업이익은 불과 3.1%(6조 원)입니다. 그러므로 TV나 세탁기, 냉장고 판매 감소가 삼성전자에 미치는 영향은 미미합니다.

3년 전인 2014년만 해도 삼성전자는 명백한 휴대폰 회사였습니다. 당시 스마트폰 부문의 순매출액은 전체의 52.2%, 영업이익은 전체의 58.2%였습니다. 반도체 순매출액은 19.3%, 영업이익은 35.1%에 불과했습니다. 스마트폰 시장은 오포와 비보 등 중국 업체에 재빨리 잠식당했지만 중국 업체가 써야 하는 반도체는 삼성 반도체이다 보니 반도체 부문 수익이 오히려 급증했습니다. 휴대폰 외 별다른 수익구조가 없었던 노키아와 결정적으로 차별화되는 지점입니다. 이는 오포, 비보, 화웨이와 삼성전자의 경쟁에도 똑같이 적용될 수 있습니다.

삼성그룹의 또 다른 강점은 282조 원의 자산을 갖고 있는 삼성생명입니다. 삼성생명은 2017년 말 사업보고서 기준 자산규모로 독보적인 국내 업계 1위입니다. 튼튼한 금융그룹이 뒤를 받치고 있어 2중, 3중의 보호막이 있는 셈입니다.

위기 때마다 성장한 삼성

삼성은 위기론을 통해 그룹을 성장시켰습니다. 이건희 회장은 1993년 6월 독일 프랑크푸르트에서 신경영선언을 통해 "마누라와 자식 빼고는 다 바꿔라"라고 말했습니다. 그는 "결국은 내가 변해야 한다. 바꾸려면 철저히 바꾸어야 한다"라고 혁신을 주문했습니다.

이듬해인 1994년 휴대폰 '애니콜'이 첫선을 보이며 삼성의 휴대폰 신화가 시작되었습니다. 세계 최초로 256메가 D램 개발에 성공한 것도 이때였습니다. 1996년에는 1기가 D램을 내놓으며 전 세계 반도체 업계를 깜짝 놀라게 했습니다. 조직의 역량은 그냥 축적된 것이 아닙니다.

삼성은 새로운 먹거리를 찾고 있습니다. 2010년 이건희 회장은 바이오 제약·태양전지·의료기기·자동차용 전지·발광다이오드LED 를 5대 신수종 사업으로 채택했습니다. 하지만 성과는 크지 않았습니다. LED, 태양전지 등은 이미 판을 접었습니다.

하나 건진 것이 바이오입니다. 그 대표주자가 이른바 '삼바'로 불리는 삼성바이오로직스입니다. 2011년 4월 설립된 삼성바이오로직스는 바이오의약품을 위탁·생산하는 바이오 CMOContract Manufacturing Organization 회사입니다.

CMO는 외부에 제품생산을 아웃소싱하는 전자업계의 OEM이

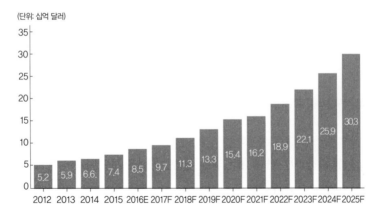

글로벌 바이오 CMO시장 전망

(단위: 십억 달러)

자료: 프로스트앤설리반(2016), NH투자증권 리서치본부

나 반도체의 파운드리foundry와 유사한 개념입니다. 의약품 생산을 CMO에 맡기면 제약사는 생산설비에 들어갈 비용과 시간을 아껴 신약개발에 계속 집중할 수 있습니다. 대형시설 투자가 어려운 중소형 제약사나 경영효율성이 필요한 대형 제약사 모두 위탁생산에 대한 관심은 큽니다.

프로스트앤설리반Frost&Sullivan에 따르면 글로벌 바이오 CMO 시장은 2012년 52억 달러에서 2020년에는 154억 달러, 2025년 303억 달러로 기하급수적으로 확대될 것으로 전망되었습니다.

삼성바이오로직스 상장 문제 논란만 넘어선다면 새로운 먹거리가 될 개연성은 충분해 보입니다. 『축적의 길』을 쓴 서울대학교 이정도 교수는 "의약품 위탁생산공정은 매우 세심한 공정을 필요로 하는데 반도체 생산공정과 매우 유사하다"라며 "삼성이 바이오 분야로 진출한다고 해서 아주 다른 분야로 생각하는데 실은 자신들이 가장 잘하는 것을 잘 이용한 것으로 봐야 한다"고 말했습니다.

삼성바이오로직스는 세계 최고 규모의 생산능력을 이미 갖췄습니다. 2018년 완공된 3공장은 상업제품 생산설비가 18만 리터로 세계 최대 규모입니다.

NH투자증권은 "삼성바이오로직스는 3공장 수주만 잘 되면 10년간 성장할 것"이라며 "삼성의 2018년 수주는 180억 원 정도로 2022년이 되면 3공장의 연간생산 능력은 8천억~9천억 원 수주가

가능할 것"이라고 내다봤습니다. NH투자증권은 3공장의 가동률이 100%에 달하게 되면 영업이익은 9,200억 원이 넘을 것으로 전망했습니다. 또 2022년 4공장이 완공되어 2027년에 가동률 100%가 되면 영업이익은 1조 6천억 원에 달할 것으로 예상했습니다.

삼성, 바이오 날개 달까?

CMO의 성장을 높게 보는 것은 바이오시밀러가 대중화될 것으로 예측하기 때문입니다. 바이오시밀러는 바이오의약품 분야의 복제약입니다.*

2016년 삼성바이오에피스의 베네팔리(류마티스관절염의 치료제인 엔브렐 시밀러)가 유럽에서 본격적인 판매를 시작했습니다. 판매는 바이오젠이 합니다. 앞서 2015년부터는 셀트리온의 램시마(류마티스관절염의 치료제인 레키케이드의 시밀러)를 화이자가 판매

---

* 의약품은 크게 화학물질로 만든 합성의약품과 살아 있는 생물에서 뽑아낸 물질을 재료로 만든 바이오의약품이 있다. 둘 다 기존에 나와 있는 약의 특허가 만료되면 이를 분석해 복제약을 만들 수 있다. 합성의약품 복제약을 '제네릭'이라 부른다. 바이오의약품 복제약은 '바이오시밀러'라 부른다. 바이오의약품의 특성이 합성의약품과 달라 구분해서 부르고 있다. 제네릭의 경우 같은 물질이면 효과가 거의 같다. 하지만 바이오시밀러는 세포의 생물학적 반응을 이용해야 하기 때문에 세포의 배양 조건과 정제 방법에 따라 효능이 달라질 수 있다. 동일한 제조 과정을 거쳐도 다른 결과가 나올 수 있기 때문에 제네릭에 비해 훨씬 고난도 기술이 필요하다.

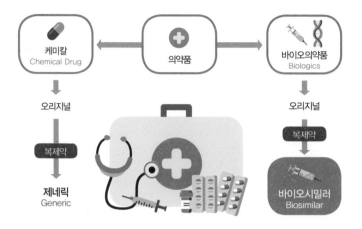

자료: 삼성 공식 블로그 삼성이야기

하고 있습니다. 국산 바이오시밀러가 선진국에서 팔릴 것으로 예상한 사람은 많지 않았습니다.

이제 성장 국면 초입인 바이오시밀러를 한국업체들이 주도하고 있는 것입니다. 그 중 하나가 삼성입니다. 삼성바이오에피스는 2018년 상반기 유럽에서만 베네팔리, 플릭사비 등 2종의 바이오시밀러로 2,800억 원어치를 팔았습니다. 플릭사비는 얀센의 레미케이드가 오리지널 의약품으로 류마티스관절염, 크론병 등에 쓰이는 면역억제제입니다.

CMO와 시밀러를 제대로 가동하게 되면 2022년 삼성은 반도체와 바이오를 양축으로 성장세를 이어갈 수 있습니다. 설령 글로벌 환경이 변해 이 시나리오가 다소 더뎌진다고 해도 삼성은 급할

게 없습니다. 충분한 실탄을 축적해 놓은 상태여서 타경쟁사에 비해 상당 기간 동안 버틸 힘이 있기 때문입니다. 의지도 강합니다. 2018년 8월 이재용 부회장이 밝힌 4대 미래성장 산업에도 바이오가 포함되었습니다.* 과연 삼성은 또 다른 성공신화를 만들 수 있을까요.

• 삼성전자는 2018년 8월 AI, 5G, 바이오, 반도체 중심의 전장부품을 4대 미래성장 사업으로 지정하고 3년간 25조 원을 집중 투자한다고 밝혔다.

"삼성도
  망할 수 있다"

대마는 쉽게 잡히지 않는다

'대마불사大馬不死'라는 말이 있습니다. 바둑판에서 나온 이 말은 대마는 쉽게 죽지 않는다는 뜻입니다. 대마가 되면 수습과 타개 과정에서 어떻게든 두 집을 만들어 살아날 가능성이 큽니다. 기를 쓰고 대마를 살리는 이유는 대마가 죽으면 그 판이 사실상 끝나기 때문입니다. 대마는 무조건 살리고 봐야 합니다.

하지만 대마를 살렸다는 것과 판을 이겼다는 것은 다른 이야기입니다. 간신히 두 집을 냈지만 다른 곳에서 집을 너무 많이 빼앗기면 게임은 집니다. 그래서 고수들은 대마를 잡으러 가는 게 아니라 대마를 잡는 척하면서 실리를 챙깁니다. 위기에 몰린 대마는 딜레마입니다. 버리자니 게임이 끝나고, 살리자니 이길 수 있는 판이 안 됩니다. 되지도 않는 판을 억지로 이어가야 하는 바둑기사도 괴롭습니다.

대마불사too big too fail의 딜레마는 경제에서도 종종 벌어집니다. 큰 기업은 쉽게 죽지 않습니다. 아니 쉽게 죽일 수가 없습니다. 연결되어 있는 기업들이 많고, 채권 규모도 큰 데다 고용 규모도 커서 이 기업이 문을 닫게 되면 경제에 미치는 파장이 생각 이상으로 커질 수 있기 때문입니다. 그러다 보니 채권단도 함부로 거대기업을 청산하기 힘들거니와 정부도 모른 채 방치하기 어렵습니다. 기업이 무너지면 엄청난 실업을 낳지만 수조 원을 들여 살리더라도 대규모 구조조정은 불가피합니다. 그러고도 확실히 살아날지조차 알 수가 없습니다.

미국은 2008년 금융위기로 금융사와 자동차 회사들이 어려울 때 엄청난 공적자금을 쏟아부었습니다. GM, 크라이슬러는 금융위기 당시 벼랑 끝에 몰렸다가 미국정부의 공적자금을 받고 되살아났습니다. AIG, 시티그룹, 골드만삭스도 마찬가지입니다. 기획재정부 관계자는 "통상 경제논리를 들어 기업이 어려울 때 정부가 지원하지 말라지만, 그건 교과서에나 있는 얘기"라며 "덩치가 큰 기업을 그냥 망하도록 내버려두는 나라는 없다"라고 말했습니다.

2018년의 시각으로 볼 때 삼성전자는 잘나가는 대마입니다. 덩치도 크고, 형세도 좋아 난공불락처럼 보입니다. 그러나 완전무결

한 것은 아닙니다. 곳곳에 빈틈이 보입니다. 이건희 회장은 대외
활동을 멈춘 지 오래고, 아들인 이재용 부회장은 수시로 사법부를
드나듭니다. 삼성 3세대 승계작업을 놓고 가족 간 경쟁도 치열합
니다. 국민정서는 좋지 않습니다. 중국에서는 경쟁자들이 빠르게
성장하고 있습니다. 스마트폰 시장에서는 오포, 화웨이 등 중저가
브랜드들이 급속히 성장하면서 중국시장은 이미 빼앗긴 상태입니
다. 이들은 중국을 넘어서 동남아시장에서도 삼성과 결전을 벌일
태세입니다. 인도시장에서도 중국 브랜드의 인지도는 급상승하고
있습니다.[3]

차제에 중국정부는 '반도체 굴기'에 나서고 있습니다. 중국이
사드(고고도 미사일) 한반도 배치 와중에서도 삼성전자의 반도체
공장만은 적극적으로 유치하는 이면을 제대로 읽어야 합니다. 그
러지 않는다면 노키아가 그랬듯 한 방에 갈 수 있습니다.

노키아도 망했다

노키아는 왜 망했을까요? 일각에서는 노키아가 '세계 1위에 자
만한 나머지 변화에 더디고 미래를 위한 투자를 하지 않았던 것'
이 침몰의 원인이라고 말합니다. 사실일까요?

팩트는 '사실이 아니다'입니다. 노키아는 미래를 대비해 막대한

투자를 했습니다. 미래에 대비하지 않고 자만하는 글로벌 기업은 세상천지에 없습니다. 하지만 미래에 투자한다고 해서 모두 성공하는 것은 아닙니다.

노키아는 글로벌 넘버원이 된 이후 R&D에 천문학적인 돈을 쏟아부었습니다. 노키아 연차보고서를 보면 1994년 매출액의 6.3%를 R&D에 썼지만 2009년에는 매출액의 14.4%를 지출했습니다. R&D 지출액은 3억 유로에서 59억 유로로 늘어났습니다. 과감한 혁신을 선도할 조직도 만들었습니다. 신기술과 관련된 기업을 인수하거나 다른 기업과의 합작회사 설립도 공격적으로 진행했습니다. 심지어 노키아는 스마트폰이 도래할 것이라는 것을 애플보다 먼저 예측했습니다. 애플보다 7년 먼저 스마트폰인 '에릭슨380'을 시장에 내놓았습니다. 노키아는 휴대폰 시장이 하드웨어 중심에서 콘텐츠서비스 중심으로 변할 것이라고 확신했습니다. 그러면서 앱스토어 사업 부문에 투자를 확대하기도 했습니다.[4]

그런데도 망했습니다. 운이 없었고, 오판도 있었습니다. 첫 스마트폰인 에릭슨380이 시장에서 참패하자 노키아는 피처폰으로 다시 돌아갔습니다. 애플이 스마트폰을 출시하자 "아이폰은 웃긴 제품joke이다. 시장에서 먹히지 않을 것이다"라고 노키아가 평가절하했던 데는 다 이유가 있습니다.

노키아가 미래시장에 대비를 안 했다기보다 공룡조직, 1등조직이라면 피할 수 없는 관료화와 성공의 덫에 빠졌다고 보는 게 옳

습니다. 노키아는 변신이 필요했던 2008년, 스마트폰으로 갈 것이
냐 피처폰을 강화할 것이냐를 놓고도 시간을 보냈습니다. 물론 노
키아의 '슬로우 경영'에는 의사결정에 신중한 북유럽 특유의 문화
도 한몫했습니다. 박상인 서울대학교 교수는 노키아의 몰락을 '창
조적 파괴의 과정'이라고 결론 내렸습니다. 기업이 대마가 되면
혁신이 작동을 멈추고, 그 틈을 신생기업들이 파고들어 끝내 넘어
뜨리는 자본주의 생태계 순환의 정해진 운명이었다는 것입니다.

　노키아 침몰의 충격은 컸습니다. 핀란드 경제는 그 충격을 고스
란히 받았습니다. 2011년 6월 〈월스트리트저널〉은 '노키아의 고통
이 핀란드의 고통이 되다'라고 보도했습니다.

　핀란드의 경제성장률은 2012년 마이너스로 곤두박질쳤습니다.
3년 연속 마이너스 성장에서 헤어나지 못했습니다. 수출과 투자도

핀 실질 GDP 성장률 및 실업률 변화 추이　핀 실질 수출 및 기업고정투자 변화 추이

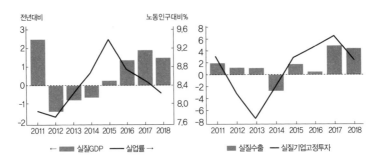

자료: OECD Economic Outlook 101 database

급감했습니다. 노키아를 중심으로 구축했던 '단일기업경제'는 사실상 붕괴되었습니다.

중국에 따라잡히는 삼성 스마트폰

삼성전자는 노키아의 운명을 답습하지 않을 수 있을까요. 삼성전자는 어떤 부분에서는 노키아와 매우 닮았고, 어떤 부분에서는 또 매우 다릅니다. 삼성전자를 글로벌 리더로 우뚝 서게 했던 대표적인 품목이 휴대폰입니다. 삼성전자는 1996년 CDMA휴대폰을 세계 최초로 내놓으면서 급격히 성장하기 시작했습니다. 2001년에는 세계 3위의 휴대폰 제조업자로 성장했습니다. 삼성전자는 2012년 글로벌 점유율에서 노키아를 잡으며 세계 1위가 되었습니다. 하지만 정상에 오른 지 2년 만에 시장점유율이 급속도로 감소하기 시작했습니다. 2018년 기준 중국 시장에서 삼성전자의 이름은 거의 지워졌습니다.

시장조사업체인 스트래티지 애널리틱스SA의 보고서를 보면 2017년 4분기 삼성전자의 중국 스마트폰 시장 점유율은 0.8%에 그쳤습니다. 한때 삼성전자의 갤럭시 시리즈가 중국인들의 로망이었던 것을 감안하면 격세지감입니다. 2013년 삼성전자의 시장 점유율은 무려 20%였습니다. 적어도 중국 스마트폰 시장에서 삼

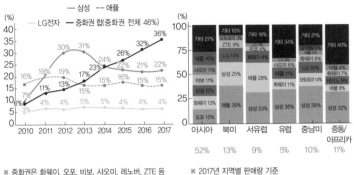

※ 중화권은 화웨이, 오포, 비보, 샤오미, 레노버, ZTE 등
6사 / 전체는 중화권 업체 합산

※ 2017년 지역별 판매량 기준

자료: IDC, 대신증권 Research&Strategy본부

성은 노키아의 전철을 밟고 있습니다.

글로벌 스마트폰 점유율도 하락세입니다. 대신증권 자료를 보면 삼성의 시장점유율은 22%로 2013년(31%) 이후 점진적인 하락세를 보이고 있습니다. 반면 화웨이, 오포, 비보, 샤오미, 레노버, ZTE 등 중화권 업체의 점유율은 36%에 달했습니다. 점유율이 2013년(17%) 대비 2배 이상 높아졌습니다. 지역별로 보면 아시아 시장에서는 오포(15%), 화웨이(13%)에 이어 3위로 이미 밀려났습니다. 비보(11%), 샤오미(11%)와 격차가 없어 따라잡히기는 시간 문제로 보입니다.

중국 업체와의 경쟁도 경쟁이지만 세계 휴대폰 시장이 성숙 단계에 이르렀다는 것도 고민거리입니다. 삼성전자 휴대폰의 성장은 2000년대 초반부터 폭발적으로 증가했던 휴대폰 시장 확대의 덕을 봤습니다. 어쨌거나 제품을 출시만 하면 팔리던 시대였습니다. 강한 상승장에서는 어떤 종목을 사도 수익을 남기는 이치와 같습니다.

하지만 휴대폰 시장이 포화되기 시작하면 이야기가 달라집니다. 신영증권 자료에서 글로벌 스마트폰 판매증가율을 보면 2017년은 전년 대비 3%밖에 늘어나지 않았습니다. 2014년 26%에 달했던 판매증가율은 2015년 11%, 2016년 4.0% 등으로 매년 둔화되고 있습니다. 삼성전자 스마트폰 판매량은 2014년 317만 대에 머무르고 있습니다. 심지어 2016년에는 스마트폰 판매증가율이 −4%를 기록하기도 했습니다. 갤럭시노트7의 폭발 사건까지 겹쳤던 해입니다.

삼성전자가 세계 1위 점유율을 자랑하는 TV 시장도 똑같은 문제를 안고 있습니다. 중국의 추격이 심할 뿐만 아니라 이미 성숙

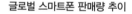

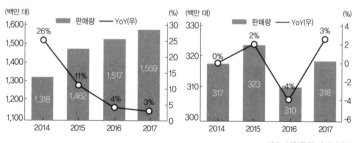

자료: 신영증권 리서치센터

한 시장도 판매량의 발목을 잡고 있습니다. 글로벌 TV 판매량은 2014년 225만 대에서 2017년 215만 대로 오히려 줄어들었습니다. 2016년과 2017년 2년 연속 성장률은 마이너스였습니다. 요즘 TV는 LCD와 OLED 화면이 주력입니다.

최대 시장인 중국에서 하이센스, TCL 등 중국 업체의 시장 점유율이 90%에 달하고 있습니다. 한국산 TV는 5% 아래까지 추락했습니다. TV의 핵심 부품인 대형 LCD 패널은 2017년 출하량 기준으로 중국 BOE가 세계 1위에 올랐습니다.

스마트폰과 TV시장처럼 삼성전자의 주력인 반도체도 빠른 변화의 물결에 휩쓸리지 말라는 법이 없습니다. 중국은 '반도체 굴

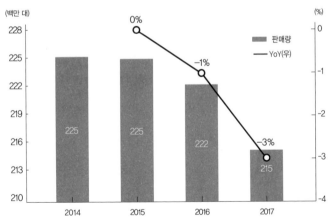

글로벌 TV 판매량 추이(LCD+OLED 모델)

자료: IHS, 신영증권 리서치센터

기'를 통해 발톱을 내보였습니다. 중국의 양쯔메모리테크놀로지컴퍼니YMTC 등 3개 사업자는 2019년 상반기부터 D램 등의 메모리를 생산합니다. 2021년 무렵 완전한 생산능력을 갖추게 되면 본격적인 글로벌 경쟁에 뛰어들 것으로 시장은 전망하고 있습니다. 그리 멀지 않은 미래입니다. 중국 업체들이 중국정부의 든든한 지원 아래 과감한 투자와 인재흡수에 나선다면 생각보다 빠른 시일 내에 경쟁력을 갖추게 될지도 모릅니다. 증권가에서도 중국의 '반도체 굴기'를 삼성전자에 닥친 큰 도전으로 봅니다.

공룡이 균형을 잃는다면?

공룡은 쉽게 넘어지지 않지만, 일단 균형을 잃으면 힘없이 넘어집니다. 난공불락처럼 보이지만 삼성전자와 같은 거대공룡도 수익성이 감소하면 위기가 빠르게 올 수 있습니다.

반도체, 스마트폰의 성공이 워낙 화려해서 그렇지 삼성의 실패도 만만치 않습니다. 아니 반도체, 스마트폰을 빼면 도대체 제대로 성공한 게 있는가 싶을 정도입니다. 대표적인 실패가 삼성자동차입니다. 1992년 삼성그룹은 삼성자동차 TFT를 꾸립니다. 창업주인 고 이병철 회장의 뒤를 이어 경영을 승계한 지 5년째인 '젊고 패기만만한' 이건희 회장의 작품이었습니다.•

자동차 마니아였던 이건희 회장은 자동차 없이는 재계 1위가 되기 어렵다고 보고 힘있게 밀어붙였습니다. 이 회장은 "자동차는 반도체 산업"이라고까지 했습니다. 김영삼 정부의 자동차산업 부산 유치 의지와 맞물려 신호공단에 삼성자동차를 세우는 데 성공했습니다. 공장 설립과 닛산으로부터 기술 이전을 위해 막대한 돈을 퍼부었습니다. 그러다 1997년 외환위기와 마주했습니다. 2000년 르노가 인수하지 않았다면 대우그룹 꼴이 났을지도 모릅니다.

스마트폰도 곧바로 성공 가도를 달렸던 것은 아닙니다. 벼랑끝에 몰렸다 기적적으로 기사회생했다고 하는 표현이 옳습니다. 2008년까지도 삼성은 스마트폰의 필요성을 느끼지 못하고 있었습니다. 아니 애써 무시했다고 보는 편이 나을 수도 있습니다. KT가 아이폰을 들여온 뒤 휴대폰 생태계가 돌변하자 부랴부랴 스마트폰 개발에 나섰습니다.

하지만 첫 제품인 옴니아의 성적은 처참했습니다. 애플의 아이폰3GS의 적수가 되지 못했습니다. 각종 버그로 '옴레기(옴니아+쓰레기)'라는 비아냥을 받았습니다. 2010년 6월 갤럭시S를 발표하면서 간신히 아이폰에 근접할 수 있었습니다. '반도체-디스플레이-스마트폰'으로 이어진 수직계열화가 아니었다면 어려웠을지 모릅니다.

● 신기주, 『사라진 실패』, 인물과 사상사.

삼성은 스마트폰 운영체제os에서도 거듭 실책을 저질렀습니다. 옴니아를 개발하면서 개방형체제인 구글 안드로이드를 무시하고 마이크로소프트의 윈도우 모바일과 손을 잡았습니다. 하지만 MS의 OS는 번번이 오류를 일으켰고 애플리케이션도 충분히 공급되지 않았습니다. 카카오톡도 깔리지 않았습니다. 삼성은 자체 OS 개발에 뛰어들었습니다. 2010년 OS '바다'를 선보였지만 유럽 시장에서 명맥만 유지하다 사라졌습니다. 이어 타이젠 개발에도 나섰지만 사실상 상용화에 실패했습니다. 갤럭시S가 막판 구글 안드로이드를 선택하지 않았다면 '갤럭시S 신화'는 없었을 것입니다.

삼성의 또 다른 약점은 오너리스크입니다. 재벌3세인 이재용 부회장의 그룹 승계는 수많은 논란과 의혹을 불러왔습니다. 제일모직과 삼성물산 간의 합병이 대표적인 사례입니다. 이 부회장은 최순실 국정농단에 연루되면서 구속되었다가 풀려났습니다.

이재용-이부진-이서현 3남매의 일거수일투족은 여론의 관심사입니다. 이병철-이건희로 이어온 삼성가의 경영권이 이재용 부회장에게 넘어가는 과정에서 자칫 문제가 생길 경우 그룹이 삐그덕거릴 가능성을 배제할 수 없습니다. 이병철-이건희 때는 창업자가 생존한 과정에서 경영권 승계가 마무리되었습니다. 하지만 이건희-이재용 3세 승계는 이건희 회장 사후에 이루어지기 때문에 재산 상속과 경영권 상속이 생각보다 어려울 수 있습니다. 최소한 3년 이상 걸릴 것으로 보는 시각도 있습니다. 삼성이 새로운 미래

먹거리를 찾지 못한 상태에서 경영권 승계 문제가 불거지면 삼성 제국이라고 몰락하지 않는다는 보장이 없습니다. 더구나 이 부회장은 대내외적으로 아직 경영능력을 검증받지 못했습니다.

이건희 회장이 심근경색으로 쓰러진 뒤 경영권을 이어받은 이 부회장은 삼성그룹의 사업 재편을 추진해왔습니다. 태양전지와 발광다이오드LED사업에서 철수하고 화학, 방산사업을 매각했습니다. 2018년 8월에는 자신이 선택한 4대 미래성장사업에 3년간 25조 원을 집중 투자하겠다고 발표했습니다.

4대 미래성장사업은 AI, 5G, 바이오, 전장부품으로 4차산업혁명 시대에 핵심 사업들입니다. 이 부회장은 6개월간 해외사업장을 다니며 4개 사업을 직접 선정한 것으로 알려졌습니다. 이들 사업을 키우기 위해서는 대규모 설비투자 및 해외기업 인수합병M&A 등 고도의 경영능력을 선보여야 합니다.

취직하고 싶은 곳 1위는 네이버

미래세대가 보는 삼성전자의 위상은 예전만 못합니다. 취업포털인 잡코리아와 알바몬이 4년제 대학생 남녀 1,531명에게 취업하고 싶은 기업이 어디인지 물어봤습니다. 1위가 23.4%의 지지를 받은 '네이버'였습니다. 2위는 카카오(22.65%), 3위는 CJ제일제당

(18.2%), 4위가 아모레퍼시픽(14.2%)이었습니다. 삼성전자는 5위 (12.6%)에 그쳤습니다. 그나마 여대생들 사이에서는 10위권 밖으로 밀려난 12위였습니다. '땅콩회항' 논란이 한창이었던 대한항공(12위)보다 못했습니다. 2004년 이후 부동의 1위였던 삼성전자는 2016년 처음 CJ제일제당에 1위 자리를 내줬고, 2018년에는 5위까지 밀렸습니다. 제조업에서 콘텐츠, 정보통신IT으로 재편되는 시대의 흐름을 삼성도 이겨내지 못하고 있다는 의미입니다. 박상인 교수의 말처럼 '창조적 파괴'는 불가피한 것일까요.

만약 삼성이 몰락한다면 한국경제에 미치는 충격이 얼마나 될까요. 노키아보다 컸으면 컸지, 작지는 않을 것으로 보는 시각이 많습니다. 한국은 핀란드 수준의 실업급여체계도, 실업교육체계도 없습니다. 노키아는 회사가 기울어가는 과정에서도 돈을 들여 퇴직자들의 재교육을 도왔습니다. 이른바 '노키아브릿지' 프로그램입니다. 재취업을 위한 기술교육뿐 아니라 이력서 작성법 같은 취업준비 지원, 창업과 관련된 세무노무교육도 제공했습니다. 자국 직원뿐만 아니라 해외법인의 직원들에게도 똑같은 혜택을 주었습니다.

노키아브릿지 교육에 참여한 인원은 15개국 1만 5천 명에 달합니다. 한국 기업 중에 회사의 명운이 걸린 상황에서 이 같은 사회적 책임을 다했다는 이야기는 들어본 적이 없습니다. 한국정부가 추가경정예산을 편성해 수원이나 평택을 고용위기지역으로 지정

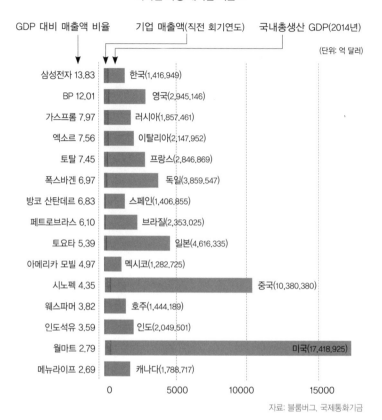

국가별 특정 대기업 의존도

GDP 대비 매출액 비율	기업 매출액(직전 회기연도)	국내총생산 GDP(2014년)

(단위: 억 달러)

삼성전자 13.83	한국(1,416.949)
BP 12.01	영국(2,945.146)
가스프롬 7.97	러시아(1,857.461)
엑소르 7.56	이탈리아(2,147.952)
토탈 7.45	프랑스(2,846.869)
폭스바겐 6.97	독일(3,859.547)
방코 산탄데르 6.83	스페인(1,406.855)
페트로브라스 6.10	브라질(2,353.025)
토요타 5.39	일본(4,616.335)
아메리카 모빌 4.97	멕시코(1,282.725)
시노펙 4.35	중국(10,380.380)
웨스파머 3.82	호주(1,444.189)
인도석유 3.59	인도(2,049.501)
월마트 2.79	미국(17,418.925)
메뉴라이프 2.69	캐나다(1,788.717)

0   5000   10000   15000

자료: 블룸버그, 국제통화기금

하고, 재정을 투입하는 것이 지금까지의 사례로 볼 때 가장 합리적인 예측입니다.

국가경제가 특정 대기업에 기대는 비중을 보면 한국과 삼성만한 데가 없습니다. 2014년 기준 한국 GDP에서 차지하는 삼성 매출액은 13.83%로 주요국 중에서 가장 높습니다.

한국에 이어 2번째로 특정 기업 비중이 큰 나라는 영국으로 BP의 비중이 12.01%입니다. 러시아의 가스프롬, 이탈리아의 엑소르, 프랑스의 토탈은 GDP 대비 매출액 비중이 7%대입니다. 자국 내 경제에 차지하는 비중이 큰 기업들은 주로 석유, 천연가스 등 에너지기업입니다. 독점을 무기로 덩치를 키운 기업들로 국제경쟁에 상대적으로 노출이 덜 되어 있습니다.

삼성전자와 비슷한 글로벌 제조업체로는 독일의 폭스바겐(6.97%), 일본의 토요타(5.39%)가 있지만 자국 내 경제에서 차지하는 비중은 삼성전자의 절반 수준입니다.

"GM은 곧 국가다." "GM에 좋은 것은 미국에 좋다." 한때 GM에 쏟아진 찬사들입니다. 영원할 것처럼 보이던 GM도 문 닫기 일보직전까지 갔었습니다. 기업은 어느 때, 어느 순간에라도 단번에 무너질 수 있습니다.

2018년 7월 26일 GE가 다우존스산업평균지수(DJIA, 다우지수)에서 122년 만에 퇴출되었습니다. GE는 다우지수가 만들어진 1896년부터 참여한 12개 원년 멤버 중 하나입니다. GE의 퇴출로 원년 12개 종목은 모두 교체되었습니다.

삼성전자의 퇴출 가능성을 거론하는 것은 삼성이 미워서가 아닙니다. 영원한 기업은 없다는 자본주의 생태계가 원래 그렇기 때문입니다. 인간이 언젠가는 모두 죽는 것처럼 법적인 사람인 법인法人도 예외가 아닙니다.

한국경제는 특정 기업에 대한 비중이 높고, 특히 그 기업은 치열한 국제경쟁에 노출되어 있다는 점에서 만일의 사태에 대비한 컨틴전시플랜(contingency plan, 위기관리 계획)을 갖고 있는 것이 좋습니다.

삼성전자의 침몰이 한국 경제구조 개편의

신호탄이 될 거라는 기대도 있습니다.

과거 공룡이 멸종한 뒤 포유류가 출현했던 것과 같은 이치입니다.

2000년대 이후 중국위기론은 수없이 나왔습니다. 중국은 기업부채, 부동산버블, 그림자금융 등 '회색코뿔소'가 많습니다. 성장률이 7% 아래로 내려오면서 성장 둔화도 감지됩니다. 사회주의와 자본주의가 결합한 중국의 정치·사회체제도 잠재적인 불안 요소입니다. 미국은 무역분쟁을 통해 중국을 노골적으로 견제하고 있습니다.

하지만 중국의 세기가 올 것으로 점치는 시각도 많습니다. 2007년 금융위기 이후 정작 위기에 빠진 것은 유럽 등 서구사회였습니다. '백기사'는 중국이었습니다. 중국은 대규모 부양책을 내놓으며 글로벌 수요를 견인했습니다. 알리바바, 텐센트 등 민간이 주도하는 모바일 혁명은 중국의 또 다른 힘입니다. 과연 '팍스시니카'가 이루어질까요?

6장

세계 패권을 노리는 중국 2045년에 흥할까, 망할까?

"중국의 세기가 올 것"
vs.
"중진국의 함정에 빠질 것"

중국, G2로 돌아오다

2010년 초반. 중국을 방문했을 때의 일입니다. 한 중국인 교수에게 "축하합니다. 드디어 중국이 G2가 된 것 같습니다"라고 말했습니다. 나름 덕담이라고 건넸는데 그가 정색하며 답했습니다. "에이 아니에요. 신해혁명(1910년) 이후 중국은 '잃어버린 100년'이었습니다. 이제야 제자리로 돌아가고 있는 겁니다."

그렇습니다. 중국은 G2로 '부상'한 것이 아닙니다. 원래 있던 그 자리로 '돌아'온 것인지도 모릅니다. 11세기 중국의 GDP는 전 세계의 절반 이상을 차지했습니다. 아편전쟁 이후 기록된 빈곤과 약화된 국력은 그들에게 '굴욕'이었습니다.

중국이 무섭습니다. 예상은 했지만 이렇게 빨리 덩치가 커질지는 몰랐습니다. 이젠 유럽이나 일본과의 맞대결도 마다하지 않습니다. 경제제재라는 강력한 무기를 들이대는 순간 웬만한 국가들은 움츠러들 수밖에 없는 형국입니다.

덩샤오핑의 도광양회(韜光養晦, 자신을 드러내지 않고 때를 기다리며 실력을 기른다)는 끝났고 시진핑의 유소작위(有所作爲, 해야 할 일은 적극적으로 나서서 이루어낸다)가 시작된 지 오래입니다.

시진핑 집권 2기는 한 발 더 나아가 '신형 국제 관계'입니다. 겉으로는 상호존중과 공평, 정의, 협력, 상생을 새로운 국제관계의 밑그림으로 제시했지만 속내는 중국의 영향력을 확대하기 위해 새로운 관계 설정을 하려는 것으로 해석하는 시각이 많습니다. 자유무역, 기후변화, 대외원조 등 국제관계를 중국 중심의 새로운 룰로 재구성하겠다는 뜻입니다.

그렇기 때문에 이미 유소작위를 넘어서 분발유위(奮發有爲, 분발해 성과를 이루어낸다)로 중국의 정책이 넘어간 것 아니냐는 분석마저 나옵니다. 중국이 자신의 새로운 위상에 맞는 새로운 외교정책과 국제질서를 구축해 세계의 리더가 되겠다는 뜻입니다.

트럼프의 '아메리카 퍼스트'는 이와 같은 중국의 야심을 돕고 있습니다. 미국은 기후협약에서 탈퇴하고 보호무역을 확대하려하고 있습니다. 미국이 스스로 글로벌 리더의 자리를 반납하려는 꼴이고, 이는 곧 글로벌 리더의 공백으로 이어집니다. 이 틈을 중국이 꿰찰 여건이 마련된 셈입니다. 중국의 변화는 경제에 대한 자신감에서 비롯됩니다.

미국은 쇠퇴하고 중국경제는 떠오르고 있습니다. 중국 공산당 창당 100주년이 되는 2021년까지 샤오캉(모든 인민이 먹고 사는 문제에 걱정이 없는 중류 수준의 안정된 상태) 사회를 완성하고, 건국 100주년이 되는 2049년에는 미국을 추월해 세계 최강국이 되는 '중국몽'을 실현하겠다는 것이 시진핑의 구상입니다.

하지만 중국의 앞날이 장밋빛이기만 할까요? 역사적 경험으로 볼 때 단 한 번도 '지존'이 손쉽게 바뀐 적은 없습니다. 천재지변이든 전쟁이든 역사적 티핑포인트가 있기 마련입니다.

오히려 중국붕괴론이 되살아나고 있습니다. 중국붕괴론은 서구 학자들을 중심으로 1989년 톈안먼 사태 이후 꾸준히 제기되어왔습니다. 중국은 엄청난 생산시장과 소비시장을 가지고 있지만 먹여 살려야 할 인구도 많습니다.

극심한 빈부격차, 사상과 이념의 자유를 요구하는 정치적 욕구는 중국의 급격한 경제성장 뒤에 남겨진 문제들입니다. 경제성장이 일정 수준에 도달하면 꾹 눌러놓았던 판도라의 상자가 열릴지도 모릅니다.

설령 이런 문제를 극복한다 해도 미국이라는 커다란 벽이 존재하고 있습니다. 달러를 찍어내는 기축통화국인 미국이 과연 G1의 자리를 쉽게 내어줄까요. 1980년대 독일과 일본도 미국을 위협한

적이 있었지만 결국 마지막 '깔딱고개'를 넘지 못했습니다. 트럼프가 중국을 노골적으로 견제하는 이유입니다. 아무리 힘이 빠졌다고는 해도 미국은 역시 미국입니다.

"중국은 결국
  몰락한다"

유행처럼 등장하는 중국붕괴론

서구의 눈으로 볼 때 중국은 정치적·경제적으로 이해가 되지 않는 구석이 너무 많은 나라입니다. 중국은 정치적으로는 사회주의입니다. 집권당인 공산당이 국가의 모든 기구를 장악해 관리합니다. 정부는 당의 이념이나 철학을 집행하는 실행기구쯤 됩니다. 공산당이 '아버지'라면 중화인민공화국은 '자식'이라고 할 수 있습니다. 아버지와 자식, 그게 중국에서 당과 국가의 관계라는 주장에 이의를 제기하기 어렵습니다.* 국유기업은 물론이고 사기업에도

---

* 중앙일보 중국팀, 『중국의 반격』, 틔움출판.

당조직이 존재합니다. 경제적으로는 자본주의를 택했습니다. 국가가 경제 전반을 기획하고 운용하는 국가주도 계획경제입니다.

그런데 경쟁도 치열합니다. 사기업 간 자유로운 경쟁은 한국보다 더합니다. 정부는 체제를 위협하지 않는 한 사기업의 경쟁에 관여하지 않습니다. 경쟁이 합리적인 계약관계만으로 이루어지지 않는다는 특징도 있습니다. 가격이 좋고, 물건의 질이 좋다고 선택당하는 것은 아닙니다. 관계를 중시하는 '관시'가 비즈니스에 큰 영향을 미칩니다. 인맥과 학맥, 혈맥 등을 중시하는 유교자본주의입니다. 무언가 이질적인 이런 체제들이 언젠가는 '삐그덕' 소리를 내면서 붕괴할 것이라고 서구 경제학자들은 보고 있습니다.

중국붕괴론은 유행처럼 등장합니다. 1989년 텐안먼 사태가 일어나자 서구사회는 중국 공산당의 몰락을 예상했습니다. 동유럽 사회주의와 결국은 같은 길을 걷지 않겠느냐는 것이었습니다. 프랜시스 후쿠야마는 책 『역사의 종말』에서 "서구 자유민주주의가 공산주의를 무너뜨리고 인간이 만들어낸 정부의 최종적인 형태로 자리잡게 될 것"이라며 "중국 역시 그런 과정을 피하기 어려울 것"이라고 전망했습니다. 헨리 로웬 미국 후버연구소 선임연구원도 1996년 발표한 논문 '소장정The Short March'에서 "소득 증대에 따른 자유화 요구로 중국 공산당은 1인당 국내총생산GDP이 7,000~8,000달러가 되는 2015년쯤 몰락할 것"이라고 예측했습니다.*

1997년 아시아 금융위기가 발생하자 중국붕괴론은 더욱 거세졌습니다. 중국 전문가 아서 월드런 펜실베이니아 대학교 교수는 1998년 아시아 금융위기가 발발하자 "공산당 독재체제는 시장 도입에 따른 도전을 이겨내지 못하고 10년 안에 무너질 것"이라고 전망했습니다. 중국계 미국인 변호사 고든 창도 책『중국의 몰락』에서 "구조적 개혁에 소극적인 공산당은 중국이 직면한 수많은 난제를 해결할 수 없다"라며 "WTO세계무역기구 가입으로 인한 충격으로 인해 5~10년 안에 붕괴할 것"이라고 예상했습니다. 창은 중국이 늦어도 2012년에는 붕괴할 것으로 봤습니다.

2008년 금융위기 직격탄을 맞은 곳은 서구

중국붕괴론은 2008년에도 등장했습니다. 글로벌 경기침체로 중국의 수출이 타격을 받으면서 중국경제가 침체되고, 이 틈을 타 튀니지 등 북아프리카를 휩쓴 '재스민 혁명'이 중국에 유입되면서 중국 공산당이 무너진다는 것이었습니다. 중국이 아닌 다른 나라 때문에 중국이 망할 수도 있다는 이야기입니다. 날로 악화하는

• 〈중앙일보〉, 차이나 인사이트, '중국붕괴론은 왜 매번 빗나가고 또 등장하는가', 2017년 4월 19일.

빈부격차와 민족 갈등, 노동 분규 등도 중국사회의 갈등을 키우며 사회 전반을 흔들 수 있다는 주장도 꾸준히 제기됩니다.

하지만 아이러니하게도 2008년 금융위기로 위기를 겪은 곳은 미국을 비롯한 서구사회였습니다. 중국은 2008년 베이징 올림픽을 계기로 더 크게 성장했습니다.

미국과 포르투갈, 이탈리아, 그리스, 스페인 등 PIGS국가의 채무위험이 커지면서 중국붕괴론은 한동안 잠잠해졌습니다. 중국붕괴론이 다시 부활한 것은 2016년이었습니다. 미국 최고의 중국 전문가라는 데이비드 샴보 조지워싱턴 대학교 교수가 〈월스트리트저널〉에 '다가오는 중국의 붕괴'라는 제목의 글을 통해 "시진핑 주석이 공산당 해체를 막으려고 반대파와 부패 세력을 단속하고 있지만, 반발이 심해 권력 투쟁이나 쿠데타로 퇴진할 가능성이 있다"라고 주장했습니다. 그러면서 "중국 공산당 통치의 종반전이 이제 시작됐다"라고 덧붙였습니다.

2017년 상하이 증시가 폭락하자 중국붕괴론은 더욱 힘을 받았습니다. 샴보가 주목한 것은 공산당 정권의 경직화였습니다. 그동안 유연했던 중국 공산당이 시진핑 2기를 맞아 경직되고 독재적으로 흐르면서 결국 붕괴의 길을 걷는다는 이야기입니다. 소련도 그랬고, 유고슬라비아도 그랬습니다. 사회주의체제의 붕괴는 독재적 정권과 함께 왔습니다. 조직이 유연하지 못하고 굳어지면 부러지기 마련입니다. 만고의 진리입니다.

회색코뿔소를 경계하라

경제적인 측면에서도 중국 리스크가 적다고 하기 어렵습니다. 공산당이 통제를 하고 있어서 그렇지 자본시장 측면에서만 보면 중국이 품고 있는 '회색코뿔소grey rhino'도 만만치 않다는 것이 경제학자들의 진단입니다. 회색코뿔소란 경제주체들이 확실히 인지하고 있고 거대한 파급력을 가지지만 뚜렷한 대책이 없어 애써 무시하는 리스크를 말합니다. 현대경제연구원이 보는 중국의 3대 회색코뿔소는 기업부채, 부동산버블, 그림자금융입니다. 현대경제연구원은 "경기부양의 부작용인 3대 회색코뿔소 문제가 심해지는 추세로 경제위기가 현실화될 가능성이 갈수록 증가할 수 있다"라고 밝혔습니다.●

먼저 기업부채를 봅시다. BIS 자료를 보면 2017년 기준 중국의 GDP 대비 기업부채는 168%로 5년 새 40%포인트가량 증가했습니다. 이는 주요국가들(100% 내외)에 비해 확실히 높습니다. 미국(73.3%)과 독일(53.8%)과는 격차가 많이 납니다. 중국보다 기업부채가 많은 나라는 조사 대상 42개국 중 룩셈부르크, 아일랜드 등 2개국에 불과합니다. 가계부채(47%), 정부부채(46%)와 비교하면

● 현대경제연구원, 〈경제주평〉, '차이나리스크, 교역 경로를 넘어선 중국 경제위기 전염 가능성에 대비하자', 2018년 7월 13일.

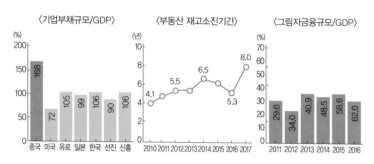

중국 경제의 3대 회색코뿔소

〈기업부채규모/GDP〉

(%)
200
150
100
50
0

168 72 105 99 106 90 106
중국 미국 유로 일본 한국 선진 신흥

〈부동산 재고소진기간〉

(년)
10
8
6
4
2
0

4.1 5.5 6.5 5.3 8.0
2010 2011 2012 2013 2014 2015 2016 2017

〈그림자금융규모/GDP〉

(%)
70
60
50
40
30
20
10
0

29.6 34.0 40.9 48.5 58.6 62.0
2011 2012 2013 2014 2015 2016

자료: 현대경제연구원

확연히 높은 것으로 이는 외환위기 전 한국의 상황과 비슷합니다. 당시 한국도 기업이 부채를 주도하며 경제를 이끌어나갔습니다.

중국기업들의 부채가 확대된 것은 금융위기 이후 정부의 경기부양책에 호응해 고정투자를 위한 차입을 확대한 데다 과잉설비와 경기둔화로 수익성이 악화한 데 따른 것입니다. 여기다 부채상환을 위한 차입까지 늘어나면서 기업부채가 눈덩이처럼 불어나고 있습니다. 국유기업의 부채도 큰 폭으로 증가하고 있습니다. 국유기업의 부채는 2008~2016년 중 전체 기업부채 증가분의 64%를 차지하고 있습니다. 중국 국유기업이 왕성하게 해외 M&A에 나섰던 시기와 겹칩니다.•

정부가 기업대출의 과도한 증가를 막기 위해 규제하자 '그림자

• 국제금융센터, 〈국제경제리뷰〉, '최근 중국경제 부채 현황과 리스크 평가', 2018년 1월 18일.

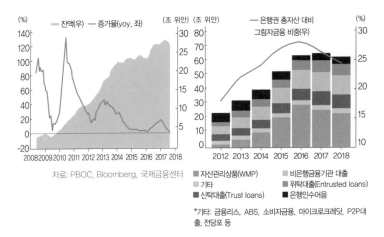

중국의 그림자금융 잔액 및 증가율 ｜ 광의의 그림자금융

자료: PBOC, Bloomberg, 국제금융센터

■ 자산관리상품(WMP)　　■ 비은행금융기관 대출
■ 기타　　　　　　　　　■ 위탁대출(Entrusted loans)
■ 신탁대출(Trust loans)　■ 은행인수어음

*기타: 금융리스, ABS, 소비자금융, 마이크로크레딧, P2P대출, 전당포 등

자료: 무디스

금융'이 증가하는 풍선효과가 나타나고 있습니다. 그림자금융이란 은행과 비슷한 기능을 하면서도 은행과 같은 엄격한 건전성 규제를 받지 않는 금융기관의 거래행위를 통칭합니다. 정부가 통제하기 힘든 그림자금융의 규모는 2011년 GDP 대비 29.6%에서 2016년에는 62.0%까지 증가했습니다.＊ 사회융자총액(민간 부문의 자금조달규모 총액)에서 차지하는 비중도 2007년 말 9.2%에서 2016년 말에는 15.0%로 대폭 높아졌습니다.

● 무디스는 중국의 그림자금융 규모가 45조 위안으로 GDP의 71%에 이른다고 분석하고 있다. 하지만 중국 사회과학원은 20조 위안에 불과하다고 반박하고 있다.

2008년 이후 계속된 부동산 버블론도 이상지표를 머금고 있습니다. 2015년 이후 부동산 개발투자액이 10조 위안이 넘으면서 중국 도처에 소진되지 못한 부동산 재고가 깔려 있습니다. 부동산경기 둔화는 부동산경기와 밀접한 기업들을 한계기업으로 내몰고 부채도 확산시킬 소지가 큽니다. 골드만삭스는 중국의 철강 및 금속 소비의 약 25%가 부동산시장과 직접적으로 연관되어 있어 신규주택 판매둔화가 원자재 업종의 수요둔화를 초래할 것으로 예상된다고 2018년 1월 밝혔습니다.

중국의 성장률 둔화는 예사롭지 않습니다. 2015년 중으로 7% 성장을 마감한 중국은 2017년 상반기부터 성장률 하락이 가시화되고 있습니다. 여기에 글로벌 금융위기 이후 경기부양책으로 형성된 버블과 산업구조가 조정되면 생각보다 성장률 하락 속도가 빨라질 수 있습니다. 글로벌 금융위기 이후 중국은 4조 위안 규모의 재정을 투입하고 금리인하를 통해 경기를 부양시켰습니다.

하지만 이 때문에 버블과 과잉투자, 한계기업 부실에 대한 우려가 커졌습니다. IB 글로벌 투자은행의 전망을 보면 중국 경제성장률(평균 전망치)은 2018년 6.5%, 2019년 6.3%로 둔화될 것으로 예상됩니다. 2022년부터는 경제성장률이 5%대로 낮아질 것으로 보고 있습니다. 미국과의 무역마찰은 냉각되는 중국경제를 더 빨리 냉각시킬 우려가 있습니다.

경제적 문제뿐만이 아닙니다. 30여 년간 초고속 성장을 해오면

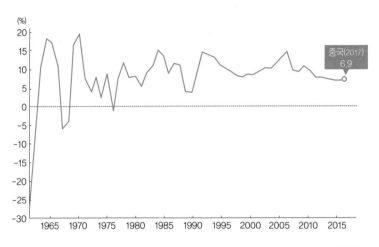

자료: 세계은행

서 누적된 많은 문제들이 있는 것이 사실입니다. 중국인민대학출판사는 2016년 〈강국지로〉를 통해 중국이 가지고 있는 주요 문제를 다음과 같이 정리했습니다.*

1. 사회주의 중심의 국가통치능력이 아직 완전하지 못하고,

2. 정부 관리의 직무 태만과 권한 남용이 심하며,

3. 권력의 과도한 집중에다 제약마저 받지 않아 부패를 낳았고,

4. 공민의 기본인권이 자주 침해당하고 있고,

5. 공평하고 공정한 사회환경이 더욱 강화되어야 하며,

6. 정책과 법령 집행에 힘을 쏟지 않고,

7. 정부조직이 그다지 합리적이지 않고,

8. 공신력이 나날이 악화되고 있으며,

9. 경제상승 동력이 감퇴되고,

10. 과학기술의 창조능력이 비교적 낮으며,

11. 자연환경에 부담이 많이 가며,

12. 노선에 대해 논쟁하는 사람이 많고,

13. 국제적 적대세력의 끊임없는 공격과 방해가 있다.

결국 이러한 복합적인 난제들을 해결하지 못하면 중국은 몰락하거나 최소한 중진국의 함정에 빠질 수 있다는 이야기입니다. 바꿔 말하면 그간 유지해온 양적성장을 얼마나 부드럽게 질적성장으로 연착륙시키느냐에 따라 중국의 미래가 결정됩니다.

하지만 서구의 시각은 여전히 삐딱합니다. 무디스는 2018년 7월 "중국이 완만한 경제성장률을 유지하면서 금융리크스 예방 등 여러 정책 목표를 동시에 달성하는 것은 쉽지 않을 것"이라고 밝혔습니다.

• 허리궈·허친잉·웨이수민, 『강대국의 길, 중국의 길』, 다른생각.

"중국의
세기가 온다"

2008년 금융위기의 백기사는 중국

서구에서는 틈날 때마다 중국붕괴론을 제기했지만 정작 망한 것은 서구였습니다. 중국이 G2로 치고 나온 것은 아이러니하게도 2008년 금융위기 때였습니다. 미국을 비롯한 주요국들이 비실댈 때 중국은 4조 위안 규모의 경기부양책을 내놓았고, 이를 통해 세계경제가 빠르게 회복되도록 뒷받침했습니다.

2008년부터 2012년까지 세계경제 성장에 대한 연평균 공헌율이 20%가 넘었습니다. 영국의 〈이코노미스트〉는 중국을 "세계경제의 백기사"라고 표현했습니다. 마침내 2008년 중국 GDP는 독일을 추월해 세계 3위로 올라섰고, 2010년에는 일본마저 제치고

2위가 되었습니다.* 앞서 1997년 금융위기 때는 위안화를 평가절하하지 않고 버텨냈습니다. 중국이 자신감을 얻은 것은 1997년 아시아 금융위기와 2008년 글로벌 금융위기 등 2번의 위기를 자력으로 돌파한 것이 컸습니다.

그럼에도 불구하고 중국붕괴론이 계속 제기되는 이유는 무엇일까요. 여러 가지가 있겠지만 근본적인 이유는 서구의 관점으로 중국을 바라보기 때문입니다. 서구가 지나온 민주주의와 자본주의의 발전 과정을 중국에 그대로 대입시켜보면 중국에 지속가능한 발전을 기대하기 어렵습니다.

중국 런민대학교 왕원王文 교수는 2014년 〈홍기문고紅旗文稿〉에 기고한 '중국붕괴론의 붕괴'란 글에서 "중국붕괴론의 제기는 '워싱턴 컨센서스'와 '역사의 종언'과 같은 서구의 관점에 의존한다"라고 주장했습니다. 서구의 관점이란 자본주의가 발전하면 자유에 대한 욕구가 분출하고, 이는 정치적 요구가 커져 결국 공산당이 붕괴한다는 논리입니다. 동유럽이 그랬고, 남미 독재국가들이 그랬습니다. 그러니 중국도 그럴 것이라는 이야기입니다.

하지만 서구사회는 중국이 앞서간 서구의 다른 나라들과 다른 결정적 변수가 있다는 것을 간과하고 있습니다. 중국은 반만년가량 대륙을 호령하는 제국을 유지한 경험이 있습니다. 세계 4대 발

• 허리궈·허친잉·웨이수민, 『강대국의 길, 중국의 길』, 다른생각.

명품을 만들어낸 높은 수준의 중화문명과 유교문화와 더불어 13억 명의 인구를 바탕으로 서구가 전혀 겪어보지 못한 형태의 정치적·사회적 배경을 갖고 있습니다.

중국 공산당은 이미 새로운 역사를 써내려가고 있습니다. 중국 공산당의 집권 기한은 69년을 집권한 소련 공산당, 71년을 집권한 멕시코 제도혁명당을 이미 넘어섰습니다. 2021년이면 중국 공산당은 창당 100주년을 맞습니다.

세상에 없던 '중국모델'

중국을 기존의 정치·경제체제에 끼워 해석하기보다는 '중국모델'로서 독립화해 바라볼 필요가 있습니다. 중국은 스스로를 '사회주의 시장경제체제'라고 명명하고 있습니다. 1990년대 장쩌민 주석은 이와 같은 기치하에 중국의 성장을 이끌었습니다. 민주주의에 대해서도 '사회주의 민주주의' 혹은 '중국 민주주의'라는 표현을 쓰고 있습니다.

미국의 미래학자인 존 나이스비트는 책 『존 나이스비트 메가트렌드 차이나』를 통해 서방 민주주의(미국식 민주주의)를 '수평적 민주주의'로, 중국식 민주주의를 '수직적 민주주의'로 정의하며 새로운 체제의 중국을 인정했습니다. 시진핑 주석이 2017년 19차 당대회에서 "서구 자유민주제도를 배울 필요는 없다"라며 자신감을 내비친 데는 이런 배경이 있습니다.

중국붕괴론은 서구의 질투에 가깝다는 지적도 있습니다. 대표적인 것이 2008년에 제기되었던 붕괴론입니다. 2008년 중국붕괴론은 '글로벌 경기침체로 중국의 수출이 타격을 받는다'라는 전제에서 시작되었습니다. 이 혼란을 틈타 정치적 요구가 분출되고 중국 공산당이 무너진다는 시나리오였습니다. 중국 내 모순으로 인해 중국 공산당이 붕괴되는 것이 아니라 다른 나라(정확히 말하면 서구의 붕괴)의 외부충격으로 인해 중국이 망할 수 있다는 이야기입니다.

전혀 비논리적이라고 말하기는 어렵지만 그렇다고 합리적이라고 추켜세우기도 어렵습니다. '상대가 실수하면 경기에서 이길 수 있다'라는 식의 희망이 잔뜩 담겨 있기 때문입니다. 결론부터 말하면 2008년 금융위기는 서구의 침체, 중국의 부상으로 끝이 났습니다. 중국이 기다렸다는 듯이 '차이나머니'로 서구 기업들을 쓸어담기 시작한 것도 이때부터였습니다. 비실대던 서구의 기업들은 돈보따리의 유혹을 피해갈 수 없었습니다.

UN무역개발회의 자료에 따르면 중국의 대외 직접투자FDI 규모는 2014년 2,479억 달러(약 276조 원)로 외국의 대중투자(2,450억 달러) 규모를 넘어섰습니다. 중국기업이 사들인 것은 첨단기술 기업들이었습니다. 이를 바탕으로 중국은 '중국제조 2025'를 추진하고

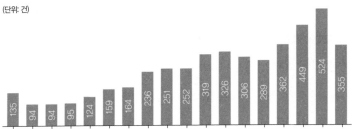

중국의 해외 기업 인수합병 건수

(단위: 건)

135 / 94 / 94 / 95 / 124 / 159 / 164 / 236 / 251 / 252 / 319 / 326 / 306 / 289 / 362 / 449 / 524 / 355

2000 2001 2002 2003 2004 2005 2006 2007 2008 2009 2010 2011 2012 2013 2014 2015 2016 2017

※2017년은 11월 20일까지 누적.

자료: 톰슨로이터, 포스코 경영연구원

있습니다.*

　중국이 위기에 강한 것은 G1이 되기 위해 철저한 분석을 선행하고 있기 때문입니다. 이를 통해 장기전략을 세우고 전략에 따라 국가가 운영됩니다. 일본이나 독일처럼 급작스레 덩치가 커져 제 몸을 가누지 못하는 상황이 아니라는 말입니다. 제국의 흥망성쇠를 다룬 CCTV의 '대국굴기 시리즈'는 중국은 물론 한국에서도 화제가 되었습니다. 중국은 '잃어버린 100년'을 잊지 않기 위해 각 제국들을 촘촘히 분석했습니다. 성하게 된 이유는 무엇이고 쇠하게 된 원인은 무엇인지를 면도날처럼 날카롭게 진단했습니다. 이를 통해 약점을 재빠르게 보완하고 있습니다.

• 〈머니투데이〉, '환영받지 못하는 차이나머니, 세계 곳곳에서 퇴짜', 2018년 8월 27일.

서구가 중국에 대해 '양적성장에 치우친다'고 지적하자 중국은 질적성장으로 전환했습니다. 기업부채가 많다고 지적하자 금융권이 부채관리에 들어갔습니다. 중국의 '수출중심 경제'가 한계라고 지적하자 내수경제를 집중적으로 키웠습니다. 빈부격차와 환경오염 등 내부 갈등요인이 많다고 지적하자 소득재분배와 환경보호를 시작했습니다. 마치 서구의 지적을 기다렸다는 듯 중국은 곧바로 정책전환을 실행했습니다.

질적성장으로 전환하는 중국

2017년 12월 중앙경제공작회의에서 중국은 '지속가능하며 질적성장을 위한' 핵심 어젠다로 금융리스크 예방, 빈곤 퇴치, 환경보호 등 3대 정책과제를 제시했습니다. 금융리스크를 줄이기 위해 지방정부와 국유기업의 부채를 줄이기 시작했고, 금융감독을 강화했습니다. 빈곤지역의 농산품 판로를 개척하고, 의무교육 수준을 높였으며, 진료비 부담을 줄이고자 빈곤퇴치에 나섰습니다. 2018년 1월부터 종이와 플라스틱 등 24종의 폐기물 수입을 금지했고, 2018년 말부터는 32종의 고체폐기물 추가 수입금지 조치에 들어갔습니다.

중국의 발빠른 정책전환에 서구사회는 놀라고 있습니다. 서구

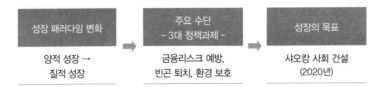

중국경제의 3대 정책과제 의미

성장 패러다임 변화	주요 수단 - 3대 정책과제 -	성장의 목표
양적 성장 → 질적 성장	금융리스크 예방, 빈곤 퇴치, 환경 보호	샤오캉 사회 건설 (2020년)

자료: 한국은행

민주주의는 문제제기부터 결론을 도출하기까지 수많은 토론과 절차를 거쳐야 하기 때문에 정책전환이 느립니다.

중국의 재빠른 변화를 엿볼 수 있는 대표적인 사례가 '화장실 혁명Toilet Revolution'입니다. 2015년 4월 시진핑 주석이 "관광지의 열악한 화장실을 개선하기 위해 화장실 혁명을 추진하라"라고 지시한 이후 3년간 화장실 7만 개를 개조·신축했습니다. 2020년까지 추가로 화장실 6만 4천 개를 짓는 공사가 진행중입니다. 칸막이조차 설치되어 있지 않아 옆 사람과 이야기를 나눌 수 있다며 '안녕하세요 화장실'이라는 말까지 들었던 중국 화장실이 급속히 바뀌면서 불결했던 화장실 문화와 나빴던 화장실 사용 에티켓도 급속히 개선되고 있습니다. 몇 해 뒤면 '더러운 중국 화장실'은 역사 속으로 사라질지 모릅니다.

중국이 한중통화스와프를 맺은 이유

세계패권을 향한 중국의 장기전략은 혀를 내두를 정도입니다. 사드의 한반도 배치로 한국과 중국의 관계가 극도로 치닫던 2017년, 중국은 단체관광객의 한국방문을 금지하고, 사실상 한류 수입을 금지했습니다. 중국 내 롯데마트의 영업을 중단시켰고, 한국기업의 전기차 배터리 등에 대해서도 차별적 조치를 취했습니다.

그런 와중에서도 한중통화스와프만은 허용했습니다. 중국이 한중통화스와프를 허용한 것은 한국이 이뻐서가 아닙니다. '위안화의 국제화'라는 큰 목적을 위해서 세계 10대 경제국인 한국을 잡을 필요가 있었기 때문입니다. 위안화의 국제화는 '달러 헤게모니'를 넘어서기 위한 전략입니다.

중국은 한국을 비롯한 EU, 영국, 브라질 등과 7,400억 위안의 통화스와프계약을 맺었고, 영국, 호주, 한국과는 위안화 직거래 시장도 개설했습니다. 다른 나라들이 위안화를 많이 사용해야 위안화가 힘을 얻게 되고, 그래야 기축통화 달러와 맞설 수 있기 때문입니다. 한중통화스와프 중단 가능성에 조마조마했던 정부 관계자는 "한중통화스와프만큼은 중국이 공식적으로 중단하겠다고 언질을 한 적이 없었다"라며 "위안화의 국제화라는 큰 목표를 해치기 싫었을 것"이라고 말했습니다.

중국도 틈이 많습니다. 정부가 이끄는 국가자본주의에 가려진 불투명한 국가운영은 언제든지 화약고가 될 수도 있습니다. 하지만 중국의 국유 부문만 바라보고 있다가는 큰코다칠 수 있습니다. 중국의 진짜 힘은 민간 부문의 '혁신'입니다. 알리바바, 샤오미, 화웨이, 레노버 등 민간 부문의 약진은 이미 한국을 뛰어넘었을 뿐만 아니라 미국과 견주고 있을 정도입니다. 중국시장에서 삼성전자 갤럭시가 화웨이와 샤오미, 오포에 밀린 지 오래입니다.

중국기업의 혁신, 팍스시니카를 열까?

BAT(바이두, 알리바바, 텐센트)로 불리는 인터넷 업체가 주도하는 모바일혁명은 상상을 뛰어넘고 있습니다. BAT는 2016년 기준 ICT상장기업 중 시가총액 상위 TOP10에 포함되었습니다. 그보다 앞선 2014년 알리바바가 기업공개IPO로 모은 돈은 218억 달러로 2012년 페이스북(160억 달러)을 넘어섰습니다.

중국은 '중국제조 2025'와 함께 '인터넷플러스'를 전략적으로 밀어붙이고 있습니다. '대륙의 실수'라던 차이슨은 높은 가성비로 한국시장을 잠식하고 있습니다. 차이슨은 영국 프리미엄 가전 업체 다이슨 제품을 모방해 만든 제품을 말합니다. 중국 가전제품의 약진은 한국의 직접구매(직구)시장을 흔들고 있습니다. 2018년 상반기 중국산 전자제품 직구는 88만 2천 건으로 2017년 연간 직구

2016년 글로벌 인터넷 기업 시가총액

(단위: 억 달러)

순위	기업명	시가총액
1	알파벳	5,390.68
2	아마존	3,563.13
3	페이스북	3,315.93
4	텐센트	2,318.17
5	알리바바	2,172.36
6	프라이스라인	723.43
7	바이두	570.36
8	넷플릭스	531.28
9	Salesfor	476.96
10	페이팔	476.26

자료: 중국정보통신연구원, 코트라

건수(88만 건)를 넘어섰습니다. 중국산 무선진공청소기의 1년간 수입 건수가 8배 이상 뛰었고 공기청정기도 2배 이상 늘었습니다.

중국정부는 체제를 흔들지 않는 한 기업의 무한경쟁을 허용하고 있습니다. 몇 해 전 칭다오에서 만난 한 중국 전자상거래업체 관계자는 "정부의 간섭은 거의 없다"라며 "체제전복, 인민의 분노를 불러일으킬 만한 것만 팔지 않는다면 무엇이든 팔 수 있다"라고 말했습니다.

이런 속도라면 팍스시니카를 여는 주체는 중국 공산당 정부가 아닌 중국기업들이 될 수도 있습니다. 중국의 광폭 행보에 한국은 물론이고 일본, 독일 등 전통적인 제조업 강국들도 위협을 느끼고 있습니다. 스웨덴의 자동차 메이커인 볼보, 독일의 램프 제조업체인 오스람 등이 이미 중국기업에 인수되었습니다. 중국 민간기업의 부상이 두려운 이유는 중국은 서구처럼 민간과 관이 완전하게 분리되어 있지 않기 때문입니다. 서구사회는 화웨이의 통신장비를 통해 자국의 보안정보가 중국정부에 넘어갈 수 있다는 우려를 하고 있습니다. 중국의 세기가 미국의 세기와 달리 두려운 이유입니다.

중국이 망하면
한국은 좋을까?

두 얼굴의 차이나리스크

'차이나리스크China risk'는 2가지 의미로 쓰입니다. 하나는 중국의 붕괴 가능성을 이야기하는 위험을 뜻합니다. 다른 하나는 중국 경제가 나빠질 경우 중국에 대해 수출의존도가 큰 기업이나 국가가 위험해지는 것을 말합니다.

한국에게 '차이나리스크'는 후자의 의미가 강합니다. 한국경제는 중국에 상당히 의존하고 있습니다. 한국이 수출하는 상품 4개 중 한 개는 중국으로 향합니다. 2017년 기준 한국의 총수출액에서 차지하는 대중국수출 비중은 24.8%에 달합니다. 한국 경상수지 흑자의 절반은 중국에서 나옵니다. 2015~2017년 3년간 한국의 경상수지 흑자는 945억 달러로 이 중 중국에서 거둔 경상수지가 443억 달러에 달합니다.* 무역수지는 물론이고 서비스수지도 흑자입니다. 한국의 서비스수지는 연평균 224억 달러 적자지만 중국에 대해서는 35억 달러 흑자를 기록하고 있습니다. 이 중 상당수가 여행수지 흑자(연평균 61억 달러)입니다.

한국 입장에서는 중국이 급격히 성장하는 것도 무섭지만 당장은 성장을 멈추는 것이 더 무섭습니다. 중국경제의 위축은 당장 한국경제의 위축으로 이어집니다. 현대경제연구원이 자체 분석한 자료를 보면 중국의 경제성장률이 1%포인트 떨어지면 한국의 수출은 1.6%포인트, 경제성장률은 0.5%포인트 떨어질 것으로 전망했습니다. 한국의 경제성장률이 3% 미만이라는 것을 감안하면 0.5%포인트 하락은 상당한 충격이 될 수 있습니다.

만약 중국의 경제성장률이 2.4%까지 떨어지면 한국의 경제성장률은 2.7%포인트 하락할 것으로 추정되었습니다. 사실상 한국의 경제성장률이 제로가 된다는 의미입니다. 중국붕괴론은 중국이 망해서 고소하다라고 생각할 일이 아닙니다. 한국경제에는 더 큰 악몽이 될 수 있습니다. "옆집인 100층 건물이 무너지면 10층 건물인들 온전하겠느냐"라는 말이 나오는 이유입니다.

---

* 현대경제연구원, 〈경제주평〉, '차이나리스크, 교역 경로를 넘어선 중국 경제위기 전염 가능성에 대비하자', 2018년 7월.

중국의 경제성장률이 한국의 경제성장률에 미치는 영향(2019년)

중국 예상 경제성장률	한국 수출증가율 하락 압력	한국 경제성장률 하락 압력
6.4%	0.3%p	0.1%p
5.9%	1.1%p	0.3%p
5.7%	1.4%p	0.4%p
4.4%	3.9%p	1.2%p
2.4%	8.8%p	2.7%p

※표 안의 수치는 2018년 중국 예상 경제성장률 6.6% 기준으로 한 2019년 추정값.

자료: 현대경제연구원

　신영증권은 2011년 이후 한국경제가 저성장에 빠진 원인을 중국에서 찾고 있습니다. 한국은 금융위기 이후 중국이 단행한 4조 위안 경기부양책의 수혜를 톡톡히 받았지만, 2011년 중국의 투자 축소와 성장률 하락이 이어지면서 중국특수가 차이나리스크로 바뀌었다는 것입니다. 실제 주식시장에서 차화정(자동차, 화학, 정유)이 정점을 치고 주가가 하락하기 시작한 것도 이때부터입니다.●

　중국의 가파른 성장과 공격적인 확장정책은 또 다른 의미의 차이나리스크를 만들고 있습니다. 중국에 대한 높은 의존도로 인해 발생하는 정치·경제·안보적 위험(리스크) 말입니다. 중국은 각종 정치적·외교적 사안을 경제제재로 해결하려는 모습을 여러 차례

● 신영증권, 〈한국 증시 대진단 시리즈 ①〉, 2018년 8월 30일.

보여주었습니다. 한국도 사드를 한반도에 배치하는 과정에서 한한령을 당해 수출감소와 내수위축을 겪었습니다.

2017년 한국무역협회는 '일본을 통해 본 차이나리스크 대응 전략과 시사점'이라는 보고서를 통해 "한국경제가 지나치게 중국에 편중되어 있다"라며 "위험분산 차원에서라도 시장을 다변화해 새로운 활로를 찾아야 한다"라고 밝혔습니다.

중국의 앞날이 장밋빛이기만 할까요?

역사적으로 볼 때 단 한 번도 '지존'이 쉽게 바뀐 적은 없습니다.

아무리 힘이 빠졌다고 해도 미국은 역시 미국입니다.

미주

1장

1. 2017년 출생아수가 급감하면서 인구감소 시점이 2028년으로 당초 예상보
   다 4년 빨라질 것이라는 전망도 나온다. '합계출산율 1.05명.....10년 내 인구 줄
   어든다,' 〈머니투데이〉, 2018.2.28. http://news.mt.co.kr/mtview.php?
   no=2018022808573235333.
2. '100세 시대, 헬스장, 피부과 늘었다', 〈경향신문〉, 2017.11.29. http://biz.khan.
   co.kr/khan_art_view.html?artid=201711292044005&code=920100.
3. 국회예산정책처 〈산업동향&이슈〉 창간호, 47p.
4. 딜로이트, 〈Voice of Asia〉 2017, 3호.
5. 딜로이트, 〈Voice of Asia〉 2017, 3호, 16p.
6. 위키피디아.
7. 세계경제포럼(World Economic Forum), '제4차 산업혁명에 따른 미래
   (2015~2020) 일자리 변화 전망 결과', 2016.
8. '일본 7월 유인구인배율 1.52배....43년만에 최고', 〈이데일리〉, 2017.8.29. http://
   www.edaily.co.kr/news/news_detail.asp?newsId=02410806616032240&
   mediaCodeNo=257.

2장

1. 상대국과 사전에 약정해 자국의 통화와 상대국의 통화를 교환할 수 있도록 하는 제도, 경제위기때 손쉽게 외환을 구할 수 있다는 점에서 외환방어막, 외환의 마이너스 통장 등으로 불린다.
2. 제3차 저출산고령사회 기본계획, 12p.
3. 〈조세일보〉, 2005년 11월 7일. http://news.naver.com/main/read.nhn?mode=LSD&mid=sec&sid1=119&oid=123&aid=0000003641.
4. '인구절벽20년 일본의 교훈.' 〈경향신문〉, 2016년 3월 23일, http://biz.khan.co.kr/khan_art_view.html?artid=201603221629051&code=920100.
5. https://www.project-syndicate.org/commentary/japan-successful-economic-model-by-adair-turner-2018-09.
6. 〈조선일보〉, 2017년 10월 31일, http://biz.chosun.com/site/data/html_dir/2017/10/30/2017103000290.html#csidx7285f2c6c38f546a1a8bdb02ec2b655.
7. 국회예산정책처, 〈대한민국재정〉, 2017, 36p.
8. 〈중앙일보〉, 2017년 10월 25일. http://news.joins.com/article/22046172.
9. 『그때는 맞고 지금은 틀리다』, 원더박스 p.205.
10. 이강국 리쯔메이칸대 교수 페이스북, 2018년 9월 26일 오후 1시 06분 게시.
11. KDI 재정여력에 대한 평가와 국가부채 관리노력 점검, 이태석 허진욱 연구위원
12. 금융위원회, 〈가계부채 종합대책 2017〉, 1p.

3장

1. 〈이투데이〉, 2014.6.6, http://www.etoday.co.kr/news/section/newsview.php?idxno=932057.
2. 한국감정원, 〈2017년 상반기 부동산 시장 및 하반기 전망〉.
3. 〈중앙일보〉, 2012.10.28, http://news.joins.com/article/9717615.
4. 미래에셋대우, 스페셜리포트, 〈집값, 시간을 잃다〉, 2017.10.26.
5. 교보증권, Economy outkook '주택시장과열, 전세계적인 현상', 2017년 6월 19일
6. 현대경제연구원, 〈경제주평〉, '최근경제동향과 경기판단' 2017.6.2.
7. 2017 가계금융복지조사, 통계청, 한국은행, 금융감독원 공동조사.
8. 넘베오 www.numbeo.com.
9. 가계금융복지조사, 2015, 2016, 2017년
10. 박종상 금융연구원 연구위원, '주택담보대출 없이 구매·보유한 주택 현황과 가계부채 정책에의 시사점,' 2017.8.27.
11. 위험가구의 기준은 DSR(가처분 소득 대비 원리금 상환 비율)이 마이너스이거나 60%를 초과하는 가구.
12. 주택가격 변화가 가계부채와 금융안정성에 미치는 영향, 현영진, 국회예산정책처, 2016.11.
13. 〈부동산 불평등 해소를 위한 보유세제 개편 방안〉, 전강수, 2018년 1월 29일

4장

1. 'Bitcoin; A Peer-to-Peer Electronic Cash System.'
2. 『비트코인』, 김진화, p.50.
3. 코인마켓캡, 2018년 1월 14일 기준.
4. 〈중앙일보〉, 1월 13일.
5. 『비트코인』, 김진화, p.42.
6. https://link.springer.com/article/10.1007%2Fs11127-006-9074-4.
7. 비트코인 폭등에 개발자 '세계 247위 부자'…'삼성 이재용급', 〈이데일리〉, 2017년 10월 21일, http://www.edaily.co.kr/news/news_detail.asp? newsId=01515366616095216.
8. 〈뉴스위크〉 한국판, 2018.2.19.— 26(1311호), http://newsweekkorea. com/?p=15994.
9. 〈서울경제〉, 2018년 2월 23일, http://decenter.sedaily.com/News View/1RVTDID85P.
10. 하드포크란 블록체인이 어느 한시점에서 급격하게 변경돼 두 갈래로 나뉘는 것을 말한다. 일종의 소프트웨어 업그레이드다. 개발자들은 이전 버전의 프로토콜에서 심각한 보안상 취약점을 발견했을 때, 혹은 새로운 기능을 추가하거나 개선하려 할 때 하드포크를 한다. 비트코인은 비트코인 캐시, 비트코인 골드로, 이더리움은 이더 리움 클래식 등으로 분리되었다.
11. 스마트 그리드(Smart Grid)란 정보기술(IT)이 접목된 전력망을 뜻한다. 흩어져 있 는 전력공급자와 전력을 필요로하는 소비자를 가장 적절하게 연결시켜줘 에너지효 율을 극대화시킬 수 있다.
12. 블록체인을 말하다, 이베스트 증권, 2018년 1월 17일
13. 블록체인 기술 활용 동향 분석, 임명환, 한국전자통신연구원 책임연구원
14. 블록체인을 말하다, 이베스트 증권, 2018년 1월 17일
15. 『비트코인』, 김진화, p.52.
16. 국제금융센터, '베네수엘라 암호화폐 Petro 판매 및 반응', 2018년 2월 23일, 이은재.

5장

1. 〈연합뉴스〉, '100대 상장사 영업이익 35% 증가', http://www.yonhapnews.co.kr/bulletin/2018/02/24/0200000000AKR20180224036000008.HTML?input=1195m.

2. 〈서울경제〉, '인터브랜드, 삼성전자 브랜드가치 세계 6위', http://www.sedaily.com/NewsView/1OL5YACBPR, 2017.9.25.

3. '대륙의 실수' 인도인 마음을 훔치다...샤오미, 삼성 제치고 브랜드 선호 1위, http://biz.chosun.com/site/data/html_dir/2017/04/06/2017040602168.html, 2017.4.6.

4. 『삼성전자가 몰락해도 한국이 사는 길』, 박상인, p.6.

경제를 단도직입적으로
예측하는 것은 어렵습니다.
다양한 변수가 존재하기 때문입니다.
경제 상황을 종합적으로
바라봐야 하는 이유입니다.

■ 독자 여러분의 소중한 원고를 기다립니다

메이트북스는 독자 여러분의 소중한 원고를 기다리고 있습니다. 집필을 끝냈거나 집필중인 원고가 있으신 분은 khg0109@hanmail.net으로 원고의 간단한 기획의도와 개요, 연락처 등과 함께 보내주시면 최대한 빨리 검토한 후에 연락드리겠습니다. 머뭇거리지 마시고 언제라도 메이트북스의 문을 두드리시면 반갑게 맞이하겠습니다.

■ 메이트북스 SNS는 보물창고입니다

메이트북스 홈페이지 www.matebooks.co.kr

책에 대한 칼럼 및 신간정보, 베스트셀러 및 스테디셀러 정보뿐만 아니라 저자의 인터뷰 및 책 소개 동영상을 보실 수 있습니다.

메이트북스 유튜브 bit.ly/2qXrcUb

활발하게 업로드되는 저자의 인터뷰, 책 소개 동영상을 통해 책에서는 접할 수 없었던 입체적인 정보들을 경험하실 수 있습니다.

메이트북스 블로그 blog.naver.com/1n1media

1분 전문가 칼럼, 화제의 책, 화제의 동영상 등 독자 여러분을 위해 다양한 콘텐츠를 매일 올리고 있습니다.

메이트북스 네이버 포스트 post.naver.com/1n1media

도서 내용을 재구성해 만든 블로그형, 카드뉴스형 포스트를 통해 유익하고 통찰력 있는 정보들을 경험하실 수 있습니다.

메이트북스 인스타그램 instagram.com/matebooks2

신간정보와 책 내용을 재구성한 카드뉴스, 동영상이 가득합니다. 각종 도서 이벤트들을 진행하니 많은 참여 바랍니다.

메이트북스 페이스북 facebook.com/matebooks

신간정보와 책 내용을 재구성한 카드뉴스, 동영상이 가득합니다. 팔로우를 하시면 편하게 글들을 받으실 수 있습니다.

STEP 1. 네이버 검색창 옆의 카메라 모양 아이콘을 누르세요. STEP 2. 스마트렌즈를 통해 각 QR코드를 스캔하시면 됩니다.
STEP 3. 팝업창을 누르시면 메이트북스의 SNS가 나옵니다.